波伏瓦传

殷茹

著

民主与建设出版社
·北京·

© 民主与建设出版社，2024

图书在版编目（CIP）数据

波伏瓦传 / 殷茹著 . -- 北京：民主与建设出版社，2024.1

ISBN 978-7-5139-4479-3

Ⅰ.①波… Ⅱ.①殷… Ⅲ.①波伏瓦 (Beauvoir, Simone de 1908-1986) - 传记 Ⅳ.① K835.655.6

中国国家版本馆 CIP 数据核字（2024）第 033977 号

波伏瓦传
BOFUWA ZHUAN

著　　者	殷　茹
责任编辑	唐　睿
装帧设计	焱　玖
出版发行	民主与建设出版社有限责任公司
电　　话	（010）59417747　59419778
社　　址	北京市海淀区西三环中路 10 号望海楼 E 座 7 层
邮　　编	100142
印　　刷	衡水翔利印刷有限公司
版　　次	2024 年 1 月第 1 版
印　　次	2024 年 4 月第 1 次印刷
开　　本	880mm×1230mm　1/32
印　　张	8
字　　数	138 千字
书　　号	ISBN 978-7-5139-4479-3
定　　价	56.00 元

注：如有印、装质量问题，请与出版社联系。

最后的告别

　　萨特被救护车拉走后，波伏瓦最后一个走出房间，关上萨特住所的门。这一刻，她绝没有想到，从此以后，这扇门再也不会对她打开了。

　　萨特的病比波伏瓦想象的还要严重。她黯然地坐在候诊室里，无意中听到一个医生和另一个医生的交谈，当她听到"尿毒症"这个词时，就知道萨特已经没有希望了。想到这个病将会给萨特带来可怕的痛苦，她猛地哭了起来，踉跄着扑到一个医生身上："请您答应我，不要让他知道自己就要死了，不要让他精神不安，不要让他有任何痛苦！"①

　　虽然在波伏瓦的关照下，周围的人都心照不宣地守护着这个秘密，但萨特的病情还是一天比一天严重，最后的告别终于来了。

---

① [法]西蒙娜·德·波伏瓦著.萨特传[M].黄忠晶，译.百花洲文艺出版社，1996：141.

这一天，萨特闭着眼睛，握住波伏瓦的手腕，说："我非常爱你，我亲爱的海狸。"他把嘴唇移向她，波伏瓦吻了他的唇和脸颊，萨特带着满意的笑容又昏睡过去。一连几个小时，波伏瓦寸步不离地守在他身边，当天晚上九点，萨特离开了这个世界。

波伏瓦凝视着萨特的遗容，发现他还是老样子，只是没了呼吸。就要永别了，波伏瓦要求留下来同萨特再单独待一会儿，她想紧靠着萨特躺在被单下，但被护士拦住了："不能这样，小心……坏疽。"波伏瓦只好在被单上躺了一会儿。五点，护士进来了，他们用被单和罩布将萨特的身体蒙上，然后推走了。这一天是 1980 年 4 月 15 日。

三天后，是让－保罗·萨特的葬礼。送葬的队伍浩浩荡荡，长达三公里。波伏瓦坐在灵柩车里感到心力交瘁，竭力不让自己倒下。去墓地的路是那么漫长，仿佛走了几个世纪。渐渐的，波伏瓦有些麻木了，她似乎不是在送别萨特，而是在送别自己。

年轻的时候，她与萨特曾有过激烈的辩论，输了的人总是说："你在自己的小盒子中。"在萨特的墓地旁，望着他的灵柩，波伏瓦在心里说："你在自己的小盒子中，你再也不会走出来了，而我也不会在那里与你重逢，即使我将来挨着你葬在那里，你的骨灰和我的骨灰之间也不能够交流……"

看到波伏瓦如此憔悴和伤心，周围的人也都被触动，纷纷露出惊讶又感动的神情。因为在人们的眼中，波伏瓦和萨特好像虚幻中的人物，他们有时像朋友，有时像夫妻，对于他们的结合和生活方式，人们既羡慕又不理解，所以，波伏瓦和萨特的关系一直是人们谈论的话题，当人们说到其中一个时，一定会想到另一个。这也是我在写波伏瓦传记时一定会谈到萨特的原因。他们是一对传奇情侣，我们不能撇开其中一个人，去单独讲另一个人。

1929 年，在竞争激烈的法国哲学教师资格考试中，萨特获得了第一名，波伏瓦获得了第二名，两个哲学系的高才生就这样相遇了。在巴黎高师的校园里，他们一见钟情，灵魂很快碰撞出了爱的火花。随后，在卢浮宫外的长椅上，他们开始大胆地讨论如何定义他们的关系。

萨特喜欢自由，不想受传统婚姻忠于彼此的束缚。波伏瓦也是个把自由看得至高无上的人，于是，两人一拍即合，制定了一个新颖的爱情"契约"。按照约定，他们是彼此"本质的爱"，就是说，他们的心是属于对方的，但允许对方的身体偶尔游走。

后来，就如人们看到的那样，波伏瓦虽然是萨特实际的妻子，但二人一生都没有结婚，他们经济独立，有各自的住处，甚至后来还有各自的情人。

这一奇特的爱情模式，在他们坦诚的相处中竟然取得了成功，波伏瓦写道："我们两个人很相似，理解伴随我们的一生……没有什么会胜过我们的结合。"①

尽管他们相处和睦，但这种多元恋"契约"还是激起了人们强烈的好奇心。1975 年，美国《新闻周刊》记者问萨特："你如何看待你和波伏瓦 45 年的关系？"萨特的回答是："这不仅是一种友谊，这是你在婚后状态所能有的一种感情。"②

萨特的一生虽然有过很多女人，但他承认，波伏瓦始终是他心目中最特别的那一个。他把波伏瓦视为他最理想的对话者，因为他们无论是在哲学领域，还是在对其他事情的认知上，都达到了同等水平。

波伏瓦不仅通晓哲学，文学造诣也很深，她的写作范围极广，哲学论著、小说、短篇故事、戏剧、旅行见闻、政治时评等都能信手拈来，代表作《第二性》更是被人们誉为"女性主

————————

① [法]克劳斯·弗朗西斯、费尔南德·龚蒂埃著.西蒙娜·德·波伏瓦传 [M].刘美兰、石孔顺，译.中国妇女出版社，1989：3.

② [法]西蒙娜·德·波伏瓦著.萨特传 [M].黄忠晶，译.百花洲文艺出版社，1996：17.

义的圣经"。她与人合办政治期刊，成功推动立法，为遭遇不公的阿尔及利亚人伸张正义。除此之外，波伏瓦还到世界各地发表演讲，甚至领导政府设立的委员会。

但是，无论她取得的成绩有多辉煌，都始终摆脱不了"萨特背后的女人"这个称号。人们普遍认为，波伏瓦的成名是由于与萨特的结合，甚至连她的研究者也认为，波伏瓦的地位之所以重要，主要是由于她跟萨特及其二人的各自的情人们离经叛道的关系。

对于这些偏见，波伏瓦并没有做过多的解释，她知道，是她的选择让她成了今天的她。另外，她还清楚地认识到，自我驱动和他人成就、个人欲望与他人期望之间是有冲突的。

法国的哲学家们曾讨论过一个问题："过一个被他人所看见的一生，还是不为他人所看见的一生更好？"有人认为，想要过好自己的一生，必须不被看见，就连萨特也倾向于这个观点。但波伏瓦却不太赞同，她认为，要过好自己的一生，应当被他人看见，但必须是以一种对的方式被看见，因为没有人愿意孤独地成为他／她自己。

葬礼结束后，波伏瓦大病了一场。病愈后，她决定为萨特做最后一件事情，以回忆录的形式，用自己的亲身经历，向关心萨特的人们讲述一下萨特最后这些年的情况。她还准备发表保存了 50 年之久的萨特的书信，把青春年华归还给他们共同的故事。

　　她写道："他的死把我们分开了，我的死也不能使我们重新在一起，事情就是如此，我们曾经这样融洽、长久地生活在一起，这本身就是一件美满的事情。"①

---

① ［法］西蒙娜·德·波伏瓦著 . 萨特传 [M]. 黄忠晶，译 . 百花洲文艺出版社，1996：146.

目 录

I

第一章

童年生活

　　临拉斯帕伊大街上一幢不起眼的小楼里，一个女婴的啼哭划破了黎明前的夜空，小西蒙娜·德·波伏瓦仿佛在用她的哭声昭告世人，她出生了。

第一节　幸福的童年

1908 年 1 月 9 日，凌晨 4 点 30 分，在巴黎蒙巴那斯林荫道 103 号，临拉斯帕伊大街上一幢不起眼的小楼里，一个女婴的啼哭声划破了黎明前的夜空，小西蒙娜·德·波伏瓦仿佛在用她的哭声昭告世人，她出生了。

1914 年前，蒙巴那斯区还残存着农村的痕迹，波伏瓦家住的楼房是一幢圆形建筑，他们家住在二楼。两年后，楼下开了一家咖啡馆，就是后来著名的圆顶咖啡馆。后来，这里渐渐城市化，许多新型建筑在农场和修道院周围的菜地以及果园中拔地而起，波伏瓦居住的瓦文十字路口也成了家喻户晓的地方。

波伏瓦家族介于贵族和上层资产阶级之间，她的祖父在巴黎市政机关工作，曾当过省长助理，有一定的社会地位和丰厚的家资。父亲乔治·德·波伏瓦是祖父的三个孩子中年龄最小的一个，他有一个哥哥和一个姐姐。哥哥又懒又笨，讨厌学习，爱吵闹，又脾气暴躁，稍有不如意就会发火，甚至对乔治动手。

乔治身体瘦弱，他与哥哥的兴趣刚好相反，他不喜欢体育运动和激烈的游戏，只醉心于读书和学习，学校每次举行考试他都能获得优秀奖，因此深得母亲和老师的喜爱。

乔治兴趣广泛，多才多艺，对演戏的喜爱近乎痴迷，梦想成为一名演员。为了模仿那些他崇拜的男演员，他把自己的脸剃得光光的，一有空就去上朗诵课，研究化妆术，参加业余剧团。虽然他有一定的表演天赋，但迫于世俗，最后还是报考了法学院，成了一名律师。工作后，他并没有放弃自己的爱好，加入了一个业余的戏剧团体，利用假日登台表演。

母亲弗朗索瓦丝·布拉瑟出生在一个富有的家庭，外祖父是一位银行家。虽然弗朗索瓦丝是家里的老大，但她并没有得到家庭的重视，因为她的母亲只钟爱父亲，对儿女的感情有些淡漠。弗朗索瓦丝从小在修道院接受教育，是个优等生，她常常为能引起老师的重视而欣喜。但欣喜过后，一想到淡漠的母亲以及父亲对5岁妹妹莉莉的偏爱，她的心里就会蒙上一层阴影。

弗朗索瓦丝常常感到孤独，没有人能理解她，她只能把苦涩的秘密默默埋在心底。直到后来遇到乔治，她才变得自信阳光起来。有了孩子后，弗朗索瓦丝把自己儿时没有享受到的母爱都倾注到两个女儿身上，尤其对跟她长得很像的波伏瓦呵护备至。

波伏瓦幼年时期的家境比较富裕，家里的家具都是白色的，但在她的印象中，家留给她的却是一种由红色、黑色和暖意交织在一起的模糊又朦胧的安全、惬意的感觉。因为家里的房子是红色的，地毯、餐厅、玻璃门上带花纹的绸帘子以及爸爸书房里的窗帘也是红色的，而房间里的梨木家具已变黑，当她钻进书桌下那块凹陷的地方，蜷缩在黑暗中时，就会有一种既安全又温暖、惬意的感觉。波伏瓦的幼年时期就是在这种温暖、舒适的氛围里度过的。

陪伴波伏瓦最多的是女用人露易丝，她们两人住一个房间，波伏瓦的日常起居都由她来负责。露易丝年轻但不漂亮，也没有什么秘密，在波伏瓦的眼中，她仿佛是为了照顾自己而存在的。白天，她经常带波伏瓦去卢森堡公园玩耍，到了晚上，她就坐在波伏瓦身边，给她看图画、讲故事。对于波伏瓦来说，露易丝的存在就像脚下的土地一样自然且必不可少。

和露易丝与她朝夕相伴相比，妈妈对她反倒显得有些疏远，她给波伏瓦的感觉更多的是慈爱之情。"我常常坐在她的膝头上，钻在她幽香、温暖的怀里，在她那少妇的皮肤上印满吻；夜里，她有时会出现在我的床边，像图画里的美人一样美丽，不是穿着绿色绒长袍，上面点缀着一朵淡紫色的花，就是穿一件黑得闪闪发光的长袍。"[①] 但妈妈也有发脾气的时候，如果波伏瓦不小心惹她生气，她就会"两眼瞪着她"，说一些激烈的话语，让小波伏瓦感到害怕。

波伏瓦很少见到父亲乔治，因为他每天都要去法院上班，波伏瓦经常看见他夹着公文包，里面装着一些不可触碰的"资料"。乔治对自己的生活似乎很满意，蓝眼睛里总是洋溢着快乐。每天傍晚下班，他都要给妻子带回一束鲜花，然后相互拥抱并发出愉快的笑声。他也逗波伏瓦笑，让她唱歌，还在她的鼻尖下变出一枚一百苏的硬币，让她惊得目瞪口呆。

波伏瓦两岁半的时候，妹妹埃莱娜出生了，她像爸爸一样，有着金色的头发和蓝色的眼睛，大家都叫她宝贝蛋。波伏瓦一开始对妹妹有些忌妒，但这种感觉很快就消散了，因为妹妹会走路以后，几乎成了她的影子：同她穿一样的衣服，玩一

---

① ［法］西蒙娜·德·波伏瓦著. 波伏瓦回忆录 [M]. 罗国林，译. 作家出版社，2011（1）：4.

样的游戏，过同样的生活。

波伏瓦爱学习，她常常扮作老师，给自己的玩具娃娃们上课，有了妹妹以后，妹妹就变成了她的教学对象。对波伏瓦来说，有一个会说话且愿意服从她的"学生"，真是莫大的快乐。

虽然妹妹很听姐姐的话，但偶尔她们也会发生争吵，也自然每次都是波伏瓦占据上风。不过，吵急了妹妹也会和她对骂。争吵过后，她们通常不会冷战太久，很快就和好如初了。

波伏瓦的玩具不多，除了跟妹妹一起游戏，并没有什么特别的娱乐。无聊的时候，她喜欢站在阳台上，看圆顶、多姆和巴蒂饭店之间来往的顾客，这里是蒙巴那斯人的生活三极。

著名的酒商巴蒂曾做过乔治·桑[1]的厨师学徒，他的饭店最有特色（只上一个菜），也是全区最贵的。但奇怪的是，美国和德国客人却更喜欢光顾那里。而且，莫迪里亚尼、凯斯林[2]、毕加索都是"圆顶"的常客，他们常在那里聚会闲谈，只是波伏瓦那时还小，不认识他们。

每年夏天，乔治都会带领家人回老家休假。前半个假期，

---

[1] 乔治·桑（1804—1876），法国女作家，作品有《印第安娜》《木工小史》《康苏爱萝》《安吉堡的磨工》等。

[2] 莫迪里亚尼（1884—1920），意大利画家、雕刻家；凯斯林（1891—1953），波兰籍法国画家。

他们在爷爷家。爷爷退休后，住在乌泽什附近的一座花园住宅里，他蓄着银白的连鬓胡子，头戴鸭舌帽，胸前还佩戴着一枚荣誉勋章。看到小儿子一家到来，他很高兴，笑嘻嘻地迎接他们。在这里，波伏瓦认识了很多树木、花草和小鸟，她玩得很开心，觉得爷爷的花园就像一座丰富多彩的宝藏，永远探索不尽。

假期过半后，他们会去姑姑家。姑姑嫁给了附近的一个乡绅，生了两个孩子，他们通常会赶着马车来迎接波伏瓦一家。比起爷爷，姑姑显得有些冷淡。姑父留着小胡子，穿着马靴，手里拿着赶马的鞭子，令波伏瓦有些害怕。姑姑家的花园比爷爷家的大，但有些荒芜和单调。波伏瓦喜欢与姑姑家的两个孩子罗贝尔和玛格德莱娜待在一起，他们一个比她大 5 岁，一个比她大 3 岁。在这里，她可以在草地上自由自在地奔跑、跳跃，触摸一切她感兴趣的东西，像在爷爷家一样学到很多在书本上学不到的知识。

5 岁半那年，家里把她送到一所颇有名气的私立学校——德西尔 ① 学校读书。一想到从此就要拥有属于自己的生活了，波伏瓦异常兴奋。因为她喜欢学习，她感到日常生活已经不能

---

① 德西尔为法语 Désir 之音译，意为"希望"。

满足她对知识的渴求了。为了培养她对文学的兴趣，爸爸特意整理了一本诗集送给她，并教她如何声情并茂地朗诵那些诗。妈妈不仅是她学习上的督导员，还亲自送她上下学。为了能够辅导她，甚至特意去学了英语和拉丁语。

波伏瓦没有让父母失望，她的各科成绩都很优异，很快在学校脱颖而出，老师们都亲昵地叫她"小才女"。从父母赞许的眼神中，波伏瓦看到了鼓励和被爱，这让她理所当然地认为，自己一定是他们最爱的孩子。

一天晚上，她听见妈妈用平稳又稍带点好奇的声音问爸爸："这两个孩子你更喜欢哪一个？"那一刻，波伏瓦的心脏几乎停止了跳动，她屏住呼吸，等待爸爸说出她的名字。可是，她失望了，爸爸给出的答案是："西蒙娜更爱动脑筋，而宝贝蛋那样温柔……"最后父母一致同意，要给姐妹俩一样的爱。

这个结果虽然很公平，但却令波伏瓦气恼，因为她觉得自己年龄大，更有知识和经验，父母虽然对她和妹妹的爱是同等的，但应该更看重她一些。但同时她又很庆幸，感叹自己幸亏有这样的父母，这样的妹妹，这样的人生，才让自己的童年有一种"不可动摇的安全感"。

第二节　战争与变故

1914 年 8 月 3 日，德国向法国宣战了。为了抵抗入侵，国家发布了总动员令。一时间，法国大地遍插三色旗。激昂的《马赛曲》到处回响，人们的生活陡然变得紧张起来。

动员令发布后，有人预料，可能会有一部分人不服从动员，结果不服从的人寥寥无几，几乎人人都愿意为国家而战。波伏瓦的舅舅于贝尔·布拉瑟报名参了军，父亲乔治也响应号召，加入了朱阿夫的轻骑兵团。为了让自己的衣着装扮同骑兵更接近，他甚至开始蓄起了胡子。

在家人的影响下，年仅 6 岁的波伏瓦也加入了这股爱国风潮当中。有一天，她无意中发现妹妹的玩具上有"德国制造"几个字，便不管三七二十一，冲上去踩坏了它，又把有同样字迹的银制餐架也扔出了窗外。当她发现这些还不够发泄心中的愤怒时，又找来一块木板，在上面用三种颜色写上五个大字——"法兰西万岁"。

因为心脏病复发，乔治在部队只待了三个月便回到了家里。待在家里的他无事可干，便把心思放在了女儿的学习上。

他从雨果的著作中找出一些优美的段落，让波伏瓦听写练习，还挑选出许多适合小孩子看的书让她阅读，扩大了她的视野。通过不断的阅读，波伏瓦的头脑里第一次产生了写故事的冲动。有一天，她坐在一个小桌子前面，把自己头脑里产生的想法和画面慢慢写到纸上，四周一片静寂。写作的庄严感让她觉得自己仿佛在主持一个宗教仪式。随着笔尖的移动，白纸上渐渐出现了一行行紫色的字迹。波伏瓦终于完成了自己的第一篇作品：一个勇敢的阿尔萨斯女孩，失去父母后，带着弟弟妹妹穿过莱茵河去法国。她给这篇文章取名为《玛格丽特的不幸》。但由于地理知识浅薄，这篇小说最终没有成功，波伏瓦不甘心。

家里人都很喜欢《费努雅尔一家》这篇小说，因为这家也有四口人，跟他们的家庭有些相似。波伏瓦便按照这篇小说的结构仿写了一篇。写好后拿给妈妈看，妈妈很喜欢，又读给爸爸听，爸爸也微笑着表示赞赏。乔治是文学爱好者，只是他没有写作所要具备的勤奋、毅力和耐心。跟写作比起来，他认为做演员更舒服一些，但他希望女儿能成为作家，他曾告诉女儿："世界上没有什么事情比写作更好的了。"

外公听说波伏瓦小小年纪就会写文章，于是奖励给了她一个崭新的黄色锦缎面的本子。不过还有令波伏瓦更开心的事：写得一手好字的姨妈还帮她把手稿抄到了本子上面。波伏瓦打量着这个写满字的本子，越看越觉得它像一本书。"它是靠了我才存在的"，波伏瓦非常自豪，从此时起她就暗下决心，以后要写一本真正的书。

这时的波伏瓦还没有体验到生活的艰辛和残酷，对眼前的世界以及她在这个世界所处的位置感到满意。她爱自己的父母，认为他们都是杰出的人，认为她的家庭是所有家庭的典范，认为父母的生活方式是绝对的准则。家庭的优越感在方方面面影响着她，逛公园时，母亲不让她和不认识的小女孩玩，也不让她像那些粗俗的人一样，随便拿拴在井台边的杯子喝水。过大斋节时，她的口袋里装的不是五彩纸片，而是玫瑰花瓣，所有这些都让她感觉到自己与别的孩子不同，她属于精英阶层，是高贵的。

然而，在精英阶层的圈子里，他们又是贫穷的。战争爆发后，父亲丢了工作，之前投资的股票也泡了汤，只能靠着二等兵每天五毛钱的薪酬生活。战争让法国的粮食供应非常紧张，波伏瓦一家的生活也变得越来越拮据。

为了不让孩子们饿肚子，母亲弗朗索瓦丝不得不精打细算，她把每天的花销都记在一个黑皮账本上，每一粒粮食，哪怕是一块面包头也不舍得浪费。波伏瓦和妹妹很少添置新衣，原来的衣服穿得不能再穿了才舍得扔掉。

有一次上体操课，由于波伏瓦的运动衫太过瘦小，一位阿姨对妈妈说："你看，她真像一只猴子。"阿姨的话让波伏瓦很自卑，觉得自己又丑又笨，尤其跟那些穿着漂亮又自信的女同学在一起时，她越发自惭形秽。

战争的最后一年，日子更加难熬。这一年，天气特别冷，波伏瓦的手生了冻疮，手指的疼痛和夜里常常响起的警报声，让她难以入眠。警报一响，母亲就会带着她们躲进地窖，爸爸却固执地躺在床上不愿动弹，后来妈妈干脆学起了爸爸，好像这样他们就能生死与共了。

上面楼层的房客会下来到他们家躲避，爸爸妈妈就提供一些扶手椅，让他们坐着打盹。有时，他们睡不着了也会起来玩桥牌，通常会玩到很晚。

外公外婆住在附近一栋楼的六层，他们对待警报非常认真，每次警报一响就要急忙下到地窖。时间一久，外婆被折腾病了。母亲把外婆接到他们家，不久，外公和莉莉姨妈也来了。然而，他们的相聚却引发了一场争吵。

1906 年，也就是波伏瓦出生的前两年，她的外公古斯塔夫所经营的银行由于做投机生意失败而破产了，不但所有的资金被清算没收，他自己还被关进了监狱，在里面待了 15 个月之久。正因为如此，弗朗索瓦丝出嫁时没有嫁妆，好在乔治并没有埋怨她。后来在朋友的帮助下，古斯塔夫被提前释放，出狱后他带着妻子和小女儿搬到巴黎，住在波伏瓦家附近，准备寻找机会东山再起。

古斯塔夫天生有做生意的头脑，1914 年后的战争期间，他开了一家鞋厂，由于能接到军队定制军靴的订单，因此生意相当兴旺。他认为翻身的机会到了，梦想着做一笔更大的投资，这场争吵因此而起。

古斯塔夫坐下后，从口袋里掏出一根金条，说是一位炼金术士当着他的面从一块铅里提炼出来的，只要给炼金者一笔预付款，他们就能成为百万富翁。

自从上次投资出了问题，家里有个规定，不经过妻子和子女的同意，古斯塔夫无权支配任何资金。为了说服家人拿出这笔预付款，古斯塔夫苦口婆心，讲得满面通红，但他的两个女儿就是不肯相信这件事，谈话很快变成了争吵。最激动的是弗朗索瓦丝，她先是同父亲争执，接着又和丈夫争吵，后来又骂起了自己的女儿，甚至还打了她们耳光。

天黑了，波伏瓦躺在床上，既委屈又难过，她回忆说："听到充满怨恨和愤怒的争吵，我就藏到被窝里面，心里难受死了。我想到过去，那就像失去的天堂。它还会再现吗？我觉得世界不再是一个安全的地方。"①

心情不好时，波伏瓦就来到餐厅的阳台上，从那里往下看，街上的景色尽收眼底。最近，她们家附近又新开了一家罗同德咖啡馆，她看到有很多浓妆艳抹和身着奇装异服的人光顾。乔治也看到了，他很生气，说那里是外国佬和失败主义者的窝。

"什么是失败主义者？"波伏瓦好奇地问父亲。

"就是相信法国一定失败的坏法国人。"乔治回答。

虽然战争在继续，但学校没有停课，只是同学们被不时的警报和炮火声吓跑了大半。最后，来学校上课的只有波伏瓦和一个高个子女孩。整个战争期间，波伏瓦没有缺过一节课，直到战争结束。

---

① ［法］西蒙娜·德·波伏瓦著.波伏瓦回忆录［M］.罗国林，译.作家出版社，2011（1）：4.

　　1918 年 11 月 10 日，停战的钟声终于敲响了。外婆的身体恢复了正常，又回了她自己家。波伏瓦随爸爸妈妈走出家门，参加法国群情激昂的庆祝活动。人们向复员军人和释放的囚徒祝贺，盛大的庆典、爱国主义游行和各种纪念活动一个接着一个，戏院、小酒馆、电影院、舞厅和夜总会又重新热闹起来。持续了四年的噩梦，现在终于停止了，人们相互拥抱、哭泣，高呼着"法兰西万岁！"

第三节 雷恩街 71 号

"一战"结束后，蒙巴那斯渐渐恢复了往日的光景，但波伏瓦家的经济状况依然没有起色。

为了减少开支，弗朗索瓦丝不得不比以往更节俭，她吃剩饭、缝补衣服、翻新旧衣，就连乘地铁时也不舍得闲着，不是打毛衣就是为女儿做装饰裙子的小饰物。波伏瓦也受到了妈妈的影响，为了不浪费写字用的本子，她把字写得极小，并且不留一点儿空白。老师们很诧异，问她母亲"波伏瓦是不是很吝啬"，她才不得不改掉了这个习惯。

1919 年秋天，经过斟酌后，波伏瓦一家把家搬到了雷恩街 71 号，这里的房子没有原来的大，条件也很差，但房租比蒙巴那斯的便宜。他们住在六楼，没有电梯，也没有自来水。洗漱时，需要一壶壶地提水，洗脸池子下面放了一个接脏水的桶，水一满就要赶紧倒掉。房间里几乎见不到阳光，由于厨房和书房的窗外是消防队营房的一堵墙，因此整个房间里几乎见不到阳光，从墙那里望上去只能看到房顶和一小块几何状的天空。

波伏瓦和妹妹合住一间房，房间小得只能放下一张床，下了床就是走廊，连站的地方也没有。波伏瓦在爸爸的书房里读书学习，因为只有书房稍大一些，那里也是全家人的活动中心。冬天很冷，家里没有暖气，母亲便生了一盆炭火，白天在里面接待客人，晚上和父亲在那里闲聊，而波伏瓦也逐渐习惯了在嘈杂声中做作业和温习功课。

七楼是用人住的地方，露易丝就住在那里，可是不久，她跟一个盖房子的男人订了婚。有一天，波伏瓦路过厨房，看见她脸色发白，笨拙地坐在一个长着红棕色头发的男人的腿上。不知为什么，波伏瓦感到有些难过。不过，大家都赞同露易丝的选择，说那人虽然是个工人，但看起来比较有头脑，应该是个靠得住的男人。

不久，露易丝就离开了波伏瓦家，接替她的是一位从梅里尼亚克来的女孩子，她纯真快乐，跟波伏瓦相处得挺好，只是有点儿"野"，晚上总和对面营房里的消防队员一起玩。弗朗索瓦丝担心出事，说过她一次，但似乎并没起多大作用，后来就把她辞退了。那个女孩子走后，家里再也没有请过帮佣。

退役后，乔治的工作一直不太顺利，他对未来的预测有点悲观，所以律师事务所一直没有重开，他就只能每天忧心忡忡地度日。

看他们家经济窘迫，外公伸出了援手，他说服乔治跟他一起管理鞋厂。可战争结束后，鞋厂的日子也不好过，自从没了军队的订单，效益大幅下滑，几个月后，连工人的工资也开不起了，只好关门。后来，表兄又为乔治介绍了一份为报纸拉广告的工作，即寻找一些有钱的公司和单位，建议他们在报纸上登广告宣传自己。如果被拒绝，他可以私下告诉他们，报社会在报纸上说他们的坏话。

乔治非常苦恼，觉得这种带有讹诈性质的工作不仅收入不高，还有失他的身份，他常常为"自己的社会地位被颠倒而勃然大怒"（他社交电话本上登记的职业总是法院律师）。后来，他实在忍受不了这种他认为的社会底层的工作，没多久就辞职了。

为了解闷，乔治开始去会朋友，去咖啡馆打桥牌，在夏天的星期日去看赛马。弗朗索瓦丝因此经常一个人在家，虽然她没有抱怨过，但她不喜欢做那些琐碎的家务，又不堪忍受贫穷的压力，整个人变得有些神经质，稍不顺心就大喊大叫，有时候还把怒火撒到波伏瓦和妹妹身上。

自从搬到雷恩街 71 号，波伏瓦的睡眠质量就越来越差了。夜里，她常常做噩梦，梦见一个男人跳到她床上，用膝盖顶她的胃部，压得她喘不过气来。有时候她梦见自己醒来了，但那个侵犯者又压住了她。就这样，时间长了，早晨起床对她来说渐渐成了一件痛苦的事情。一想起那个噩梦，波伏瓦就嗓子发紧，手心出汗，妈妈和医生则好像并不担心，他们说这是少女发育的一种正常反应。

"发育"这个词让波伏瓦有一些恐慌，她不希望自己的乳房慢慢变大，变得像那些妇人一样。她听说成年女人撒尿会发出瀑布般的响声，一想到她们鼓胀的肚子里存储了那么多水，她就感到害怕。

为了让波伏瓦健康成长，父母对她要读的每一本书都进行了严格把关。有一天，波伏瓦在书房读书，发现爸爸的书桌上有一本封面发黄的《国际性都市》。波伏瓦没有多想，随手翻开，没想到她刚瞄了一眼，妈妈的声音就从后面传来："你在做什么？"波伏瓦回过头，看到了妈妈不安的眼睛。"不应该，"妈妈说，"永远不要碰不让你读的书。"波伏瓦马上合上了那本书，妈妈那带着恳求的语气很管用，让波伏瓦觉得她说的都是对的。

波伏瓦又拿起自己的书本，却再也无法集中精力，她羡慕堂姐玛格德莱娜什么书都可以读。有一次，波伏瓦见堂姐玛格德莱娜在读《三个火枪手》，她十分吃惊，而姑妈艾莱娜却似乎并不介意。姑妈对堂姐的态度让波伏瓦既不解又羡慕。

10月上旬，父母为了安心搬家，把波伏瓦姐妹俩送到了姑妈家。那段时间，波伏瓦和妹妹天天跟堂姐玛格德莱娜在一起。有一天，她们在草坪上玩耍，波伏瓦忍不住询问堂姐那些禁书究竟是怎么回事。她对那些书的内容并不感兴趣，只是想弄明白为什么会被禁。

"这个嘛，"堂姐犹豫片刻，咻咻一笑，这时她的狗跑过来，她便指着那条狗两条腿之间的两个球说道："看，男人也有那个东西。"接着，她给波伏瓦讲了一个她读过的故事：一位侯爵夫人妒恨她的丈夫，趁他不注意时，叫人割掉了他两条腿之间的球。

"后来呢？"波伏瓦问。

"他死了。"

波伏瓦认为堂姐讲的只是一个荒诞的故事，而丝毫没有意识到她们正在进行一场"淫秽的交谈"。

"还有吗？"她催问。于是，堂姐对波伏瓦解释"情人"和

"情妇"二词的含义："假如你妈和我爸相爱了，我爸便是你妈的情人，而你妈就是我爸的情妇。"

这个比方让波伏瓦有些难堪，因为堂姐并没有说明"相爱"的含义，波伏瓦不想就这个话题再谈论下去。后来堂姐把话题扯到了生小孩上，她才又重新有了兴趣。

"知道吗？婴儿是在母亲的肚子里孕育的。"

堂姐的话让波伏瓦想起了一件事。前几天，厨娘杀一只兔子，在其肚子里发现了六只小兔仔，波伏瓦不由得联想到了人类。可惜，就这个话题，堂姐并没有说太多，她只是告诉波伏瓦，这一两年内，她的身体会发生一些事情，到时候每个月都会流血，需要在大腿之间系上一条绷带才行。

波伏瓦不明白为什么会流血，她想到了一种病，问堂姐是不是子宫出血。妹妹则瞪大了眼睛，不安地询问堂姐，如果大腿间系上绷带，那小解怎么办？

堂姐有些不耐烦了，她耸了耸肩，说了一句"笨蛋"，就去喂她的鸡了。

波伏瓦留在原地，她感到狼狈又愕然。随后的几天，波伏瓦自己反复琢磨过，但总有许多问题让她琢磨不透。譬如为什么女人和男人一结婚，腹部就会变大？

回到巴黎后，妹妹忍不住问妈妈，小孩子是不是从妈妈的肚脐眼里生出来的。

"为什么问这个问题？"妈妈似乎有些吃惊，"你们什么都知道了？"显然姑妈提前跟妈妈说了些什么，她的语气让两个孩子松了一口气。妈妈并没有责怪她们，只是暗示她们，小孩子是从妈妈的肛门里生出来的，而且不疼。波伏瓦还想问一些别的问题，但妈妈的冷漠让她放弃了。

不久后，波伏瓦在朋友家小住。在一天潮湿闷热的早晨，她醒来时发现内裤脏了。她把内裤洗了，又重新换了衣服，可是不久又脏了。波伏瓦忘了堂姐的话，还以为自己得了什么病。后来，当她不得不去求助母亲时，才知道堂姐的"预言"在她身上真的发生了。用妈妈的话说，从现在开始，她就是"大姑娘"了，可波伏瓦的心里有些不是滋味，因为她并不想长大。

第四节 "父亲遗弃了我"

进入青春期后，波伏瓦感觉自己变丑了：鼻子发红，脸上和脖子上起了很多包，胸一天比一天大，连衣裙又瘦又小，穿在身上完全没个样子。母亲却视而不见，她每天忙于工作，根本顾不上她。

还有一个变化让波伏瓦感到难过，她发觉父亲不爱她了。以前父亲总是表扬她，现在却处处看她不顺眼。难过加紧张让波伏瓦渐渐养成了一些不好的习惯，譬如总是不停地耸肩膀，不停地抠鼻子。"不要去抓你那些包，不要抠鼻子。"父亲每次看到，都会不留情面地呵斥，有时还会对她的脸色、粉刺和笨拙发表一些议论，让她越发不自在。

乔治不仅注重对孩子兴趣的培养，还注重她们的容貌，他认为女性应当优雅和美丽。显然，波伏瓦让他失望了。后来，他把希望寄托在小女儿埃莱娜身上，因为埃莱娜仍然是个漂亮的女孩儿。

有一次，他们家一位很有钱的表亲举办晚会，创作了一出短剧，在爸爸的提议下，他们决定让埃莱娜出任女主角。

埃莱娜穿着蓝色的珠罗纱连衣裙，披着一头金灿灿的秀发，她扮演的是一个夜美人，用诗歌与一位月亮丑角对话，然后再一一介绍小客人出场。小客人们全穿着戏装，听到埃莱娜点自己的名字时，一个接一个从舞台上穿过。波伏瓦扮演的是一个西班牙女孩，当她穿着戏装从舞台上走过时，发现全场的目光都注视着她，她感到脸上火辣辣的，难堪极了。

还有一次，父亲参加一位朋友的演出，他让埃莱娜和他一起出演。埃莱娜梳着金色的发辫，站在父亲身边。在父亲的指导下，她满脸喜悦地朗诵着一段又一段寓言。她出色的表演赢得了大家的掌声，看到父亲脸上溢出的自豪表情，波伏瓦的心里很不是滋味，并隐约地有些怨恨妹妹。

波伏瓦不喜欢现在的生活，但又无力改变。她常常怀念过去，怀念露易丝在的日子。然而，过去就如逝去的流水，一去永不返。

有一次，波伏瓦和妹妹翻看留下的老照片时，看到年迈的爷爷，她突然就想到不久后的一天爷爷也会离她而去。爷爷去世后，他的庄园就会归伯父所有，因为伯父是庄园的继承人，自己以后再去就是外人了，再不会有家的感觉了。一想到这些，波伏瓦就有一种说不出的沮丧。

长期的压抑让波伏瓦变得越来越缺少耐心，一些父母认为必不可少的家庭活动，如拜访、家庭午宴等，她都认为没有必要而不愿参加。一听到父母命令式的语言，如"必须这样""这样使不得"等，她就忍不住想反抗。

妹妹正式领圣体时，波伏瓦想送她一本祈祷书，她想用浅褐色的封皮装订，就像她的大部分同学送人礼物时所包装的那样那样，但母亲却认为蓝色的布封皮就很好了。波伏瓦不同意，母女俩为此爆发了激烈的争吵。波伏瓦说储蓄罐里的钱都是她自己的。母亲说，如果一样东西只值十四法郎，就不应该为它花二十法郎，否则就是没必要的浪费。两人争执不休，谁也说服不了谁。以致她们去面包店买完面包回来上楼梯时，波伏瓦一直赌气不理母亲。在她看来，母亲是在滥用权力妨碍她的自由，她决心用自己的方式进行反抗。

在德西尔学校，学生领圣体的前一天，校方会举行一个活动。活动中，他们鼓励同学们跪在各自的母亲面前，请求她们原谅自己曾经犯下的错误。但波伏瓦没有这样做，她不但自己不跪，轮到妹妹时，她也劝阻埃莱娜不要跪。这件事让母亲非常生气，她认为波伏瓦太过分了，为此狠狠地训斥了她一顿。波伏瓦则委屈地辩解，说母亲总是对她显示权力，让她处于依附地位，失去了很多自由。

相反，波伏瓦对父亲乔治的爱却与日俱增，她认为父亲是一个非同寻常的人，他才华横溢，具有天生的幽默感，在艰难的生活里，他也总能保持着一种乐观的情绪。他待在家里的时候，会给波伏瓦姐妹俩朗诵诗歌，谈论他喜欢的作家、戏剧，以及过去发生的重大事件和各类高雅话题，让她们的生活远离单调和乏味。

每天晚上，她们一家四口都会紧闭门窗地坐在书房里，父亲为她们朗诵《佩里松旅行记》，或者大家并排坐着，各看各的书。偶尔，波伏瓦抬起头来，打量着专注的一家人，心里热乎乎的，"我们多么幸福！"她在心里说。

"如果能回到过去该多好。"波伏瓦常在心里自言自语。她认为如果不长大，就不会有那些麻烦，父亲也不会嫌弃她。她不想成为母亲口中的"大姑娘"，但却无法阻止时间，为此，她感到深深的绝望。

有一段时间，波伏瓦特别忌妒母亲，因为她认为是母亲夺走了父亲对她的爱。因为父亲总是以母亲为中心，即使她与父亲单独在一起时，谈起话来也仿佛母亲在场。譬如，当波伏瓦与母亲发生了冲突去求助父亲时，父亲总是说："照你妈说的去做吧。"

有一次，父亲带全家人去看赛马。草原上的人很多，开赛时，人们一窝蜂地朝围栏处拥，把看比赛跑道的视野都遮住了。父亲为他们租了折叠椅，为了看得清晰一些，波伏瓦想站到椅子上去。

"不行！"妈妈阻止了她。妈妈讨厌人多，担心站到椅子上会有安全问题。但波伏瓦不这样认为，她还是想站到椅子上，因为她认为既然来了，就要看得清晰一些。"不行就是不行！"妈妈重复道，语气更加严厉。波伏瓦只得转向爸爸，并激动地说："妈妈真可笑，为什么我不能站到椅子上？"她希望得到爸爸的支持，可爸爸听了她的话，只是尴尬地耸耸肩，什么话也没有说。

这种模棱两可的态度，让波伏瓦觉得，爸爸其实是支持她的，只是妈妈太专横，他不想引起家庭矛盾，可不久后发生的一件事，打破了她的幻想。

那天午餐，大家谈到一位淘气的大表哥，他把自己的母亲看成白痴。其实照父亲的看法，他也认为那位母亲的确是白痴。然而在和母亲谈到这件事时，他却气愤地说："一位评价自己母亲的孩子，就是个笨蛋！"波伏瓦顿然醒悟，原来父亲和母亲是站在一起的。她想不明白，既然那位姨妈的愚蠢显而易见，为什么大表哥就不能指出来呢？仅仅因为说了实话就该被骂为笨蛋吗？

这让她联想到了自己。当母亲与她对立时，她也因为冲动说过许多难听的话。父亲会怎么看待自己呢？波伏瓦认为，从某种意义上讲她并没有错，然而父亲的话影响了她，使她觉得自己的行为虽无可指责却怪异得可怕。

自此以后，也许受了这件事的影响，父亲在她心目中的形象不再像以前那么完美了。她学会了独立思考，开始以不同于大人的眼光看待自己。她想，既然对一切不能实话实说，为什么还要告知他们呢？于是，她学会了秘密行事。

父母对波伏瓦的阅读监管依然非常严格，不过，由于相信波伏瓦的诚实，他们没有给书柜上锁，这便给波伏瓦提供了一个机会。不知从什么时候起，波伏瓦开始允许自己有一些无关紧要的不听话的行为。比如，在乡下，妈妈不允许她在一日三餐外吃东西，而她现在却每天下午都会在罩衫里藏一些苹果。

与堂姐的交谈，颠覆了波伏瓦的很多认知，她的胆子变得越来越大，常有意识地想反抗一些东西。譬如有些书父母不让她读，她偏要读，当家里只有她一个人的时候，她就会打开书柜，自由地寻找她想要的精神食粮。父亲在青年时代珍藏的那些小说让她欣喜不已，她躲到那把皮椅子下面的窝里，贪婪地阅读着，度过了很多美妙时光。那些书弥补了波伏瓦的性教育，让她告别了童年，踏进了一个复杂而新奇的世界。

第五节　与扎扎的友谊

波伏瓦 10 岁那年，班里来了一位新同学，她留着一头短发，棕色的皮肤，小小的个子。分配座位的时候，波伏瓦才知道，这位新同学和她同岁，叫扎扎[①]，是她的同桌。

通过交谈，她们慢慢熟悉起来，原来扎扎的学业是在家庭里开始的。由于一次事故，扎扎烧伤了大腿，不得不卧床一年，直到现在她裙子下面的肌肉还是肿的。扎扎的坚强和乐观让波伏瓦对她刮目相看，而且，扎扎自信又幽默的说话方式更是令波伏瓦喜爱和着迷。

---

① 《波伏瓦回忆录》中的伊丽莎白·马比耶。

扎扎跟波伏瓦一样热爱学习，虽然因为烧伤落下了很多功课，但不久就赶了上来，并很快名列前茅。因为她们的学习都很优秀，又是同桌，所以每年的圣诞晚会，学校都会安排她俩一起表演节目，扎扎用她活泼自如的表演征服了大家。由于经常在一起排练、表演，波伏瓦和扎扎走得越来越近，大家都称她俩是"形影不离的一对儿"。

乔治和弗朗索瓦丝听说女儿交了新朋友，特意去了解了一下扎扎的家世，得出的结论是，他们与扎扎的父母似乎还有些渊源。扎扎的父亲莫里斯·勒毕业于巴黎综合理工大学，是奥尔良铁路上的总工程师，母亲勒太太是一位40岁左右风姿绰约的妇人，她25岁时嫁给了勒先生，过着养尊处优的生活。两人共育有9个孩子，扎扎排行第三。

因为孩子的关系，两家的大人也都互有好感，勒太太称赞弗朗索瓦丝长得年轻，说她看上去就像是波伏瓦的姐姐，她们都欢迎对方的女儿来自己家里做客。

波伏瓦第一次去扎扎家，被她家的情形吓了一跳。他们家虽然家族显赫，却不太讲究礼仪和规矩。扎扎的一大帮弟弟妹妹和别的小朋友在家里追逐嬉闹，大叫大嚷，有的还爬到了桌子上，把家里搞得乱七八糟。勒太太却总是宽容地一笑，从不责怪他们。

扎扎与母亲的亲密关系也让波伏瓦非常羡慕。有一次，学校组织钢琴试奏课，扎扎也报名参加了。到了表演这天，很多家长和老师都前来观看。轮到扎扎上台表演时，她选择了一首较难的曲子，平时她弹奏这首曲子时，总有一两个音节出错，这一次却出奇地顺利。弹奏结束后，扎扎得意地看了一眼母亲，还朝她吐了吐舌头。没想到这一行为惹了众怒，在场的家长认为她没有教养，露出了鄙夷的神情，老师们也板起了面孔，但扎扎弹奏完走下舞台时，她的母亲却迎上去高兴地拥抱了她。这样一来，就没有人敢驳斥她了。

扎扎的活泼机灵和独立不羁，再次征服了波伏瓦。她想，如果今天做出这种行为的是她，母亲一定会感到颜面大失，她从自己的循规蹈矩里看到了母亲的怯懦。

扎扎除了学习好，会弹钢琴，还有很多让波伏瓦意想不到的本领。有一次，波伏瓦去找扎扎，看到她正在家里做油酥饼和焦糖糖果。她用织毛衣的针子把橘子片、椰枣、李子干穿起来，放进盛糖浆的平底锅里，那些蘸了糖浆的水果出锅后变得晶莹剔透，跟外面卖的一样好看。

在体育方面，扎扎也有着惊人的天赋。她会侧手翻、劈叉、翻各种筋斗，还能爬到树上用双脚钩住树枝倒挂在上面。

在学校里，她从不拘谨，与老师们说话彬彬有礼、自然大方，她有着女孩子的纯真和自然，又有如男孩子般的英武和胆气。10 岁时，她就敢独自在大街小巷中穿行。假期里，她不惧被树枝划伤，在森林里骑马。她小小年纪就去国外旅行，去过很多国家，她说她喜欢希腊，厌倦古罗马人，她不关心王室的兴衰，却关心拿破仑的命运。她仰慕拉辛，讨厌高乃依，对莫里哀的《愤世嫉俗》很有好感。在学校，她常常发表一些胆大妄为的言论，那些言论让老师很恼火，也有一些人对她的性格表示欣赏。因此，她成了一些人很讨厌，同时另一些人又很喜欢的人。

波伏瓦常常拿自己与扎扎比较，她认为扎扎坚强果断、个性鲜明，而自己却内心虚弱，是个模糊又不确定的个体，这个发现让她很沮丧。学校放假后，波伏瓦郁郁寡欢，做什么都提不起兴趣，总觉得生活中少了点儿什么，直到开学见到扎扎，她才觉得一切又恢复了生气。这天，波伏瓦提前来到学校，扎扎还没有到，看着旁边空荡荡的凳子，波伏瓦不由得想："如果扎扎死了，我怎么办？没有她我无法生活。"得出这个结论后，波伏瓦觉得很可怕，扎扎对自己若即若离，自己却把全部的幸福，甚至生存都交给了她。难过了一阵儿后，波伏瓦很快说服了自己，因为她不相信扎扎会死，也不再强求扎扎对她也怀有同样强烈的感情，只要扎扎能把自己当成好朋友，她就很满足了。

波伏瓦全身心地爱着扎扎，甚至可以为了她压抑自己的傲气。有一次，学校举行慈善义卖活动，一位笔迹专家评点她们的书法，说扎扎的书法更具艺术性，而波伏瓦的书法有些幼稚。扎扎情绪激动地大叫，对专家的评点表示反对，波伏瓦却平静地接受了这个观点。

波伏瓦对扎扎的喜爱是狂热的，这种狂热包含着崇拜和敬重，她希望扎扎能够了解这一点。可从扎扎的表现来看，她对此似乎毫无察觉。波伏瓦很难过，恰好这时扎扎的生日快到了，她灵机一动，决定趁此机会送扎扎一个特别的礼物，以此来表达自己的心意。

波伏瓦把自己的决定告诉了妈妈，妈妈对她表示了支持。波伏瓦开始为自己的计划付诸行动，她去街上买来考究的料子，然后在《实用款式》杂志里找到了一款最漂亮的样式，花几天工夫精心缝制了一个漂亮的手提袋。礼物做成了，她又去精品店买来漂亮的绢纸，细心地包装好。

扎扎生日那天，她早早地在学校的衣帽间等候，亲手把礼物送给了她。波伏瓦在回忆录里这样描述当时的情景："当我把礼物递给她时，她惊愕地看着我，只见血液涌向她的脸颊，那张脸腾地变红了。我们面对面愣了一会儿，便激动地拥抱在一起，找不出一句话、一个适当的动作来表达我们的感情。"①

① [法]西蒙娜·德·波伏瓦著.波伏瓦回忆录[M].罗国林，译.作家出版社，2011（1）：85-86.

第二章

端方淑女

此后，波伏瓦渐渐地被哲学独特的魅力所折服，因为她认为哲学能够直截了当地揭示事物的本质，这对不爱关注细节的她来说，有着莫大的吸引力。

第一节 "我不再信奉上帝"

波伏瓦越来越不喜欢德西尔学校，那里的老师对耶稣的过分虔诚让她感到可笑，每次她写完一篇散文或者晚会的作文，老师都要让她在末尾写上"感谢上帝让我过了这愉快的一天"。父亲乔治也感到不可接受，他同弗朗索瓦丝商量，想把两个女儿转到附近的公立学校，那里的知识更可靠，学费也便宜。但波伏瓦拒绝了这个建议，因为转学就意味着要和扎扎分开，她不想离开扎扎。

波伏瓦继续在德西尔学校读书、学习，却不再感到开心。课间，她经常伙同扎扎还有其他几位同学在课堂上捣乱或直接挑衅老师。这样做的结果是，她失去了学校三月份颁发的最高荣誉——"荣誉提名表扬"。这个奖代表的是学生的虔诚、听话和在这所学校的资历。从会场里走出来时，波伏瓦听到历史老师跟妈妈说，是扎扎影响了她，建议以后不要再让她们两个坐在一起了。波伏瓦的眼泪哗地流了下来，在她心里，朋友的位置永远比荣誉重要。

这件事后，波伏瓦意识到，她的童年时代结束了，大人的庇护已经无法确保她心灵的宁静了。

这一年，波伏瓦遇到了很多困惑。譬如过去，她一直认为人与人之间是平等的，但后来她发现并不是这样，其实，一个人的地位往往是由他的财富决定的。有一次在姑姑家，有个人推着小车来给她们送面包，堂姐玛格德莱娜表现得很傲慢。波伏瓦问堂姐，为什么不向人家说"你好"，堂姐说："他是服务者，应该先向我问好才对。"波伏瓦想到了露易丝，露易丝是她家的用人，也是服务者，但波伏瓦对她比对许多有钱的夫人都要尊重。

露易丝离开波伏瓦家后，过得并不如意。婚后，她有了一个孩子，一家三口住在玛达姆街的一个顶层的房子里。有一次，波伏瓦和妈妈去看她，那里的环境让波伏瓦感到震惊，窄得可怜的走廊的两边，分布着十几扇一模一样的门，每一扇门里都住着一户人家。

　　她们走进其中一扇门，这里是露易丝的家，里面只有一张铁床、一个摇篮和一张桌子，桌子上放着做饭用的火炉，火炉后面是斑驳的墙壁，房间里没有窗户，一家人吃住都在这里。妈妈挨着露易丝坐下，同她低声交谈，身边的襁褓里躺着一个气息奄奄的婴儿，他得了肺炎，看起来病得非常严重。

　　不久，露易丝的孩子死了。波伏瓦很难过，她哭了好几个钟头。这件事让她感到社会的不公，却不知道这个问题该如何解决。

　　波伏瓦发现，自己很难独立思考，因为人们教会她的那一套价值体系既僵化又没有条理。她曾经把一切寄希望于上帝，但无论是祈祷还是静思，她都从没有感受到上帝的存在。后来她常常怀疑，这个世界上，是否真的有上帝。

　　儿童时期，波伏瓦从来没有怀疑过上帝。从 7 岁那年起，她每个月都去教堂忏悔。在她的心目中，马丁神父就是上帝的化身。她非常信任他，把自己的内心所想，譬如领圣体时不够热诚、祈祷不够专心、平时很少想到上帝等，都毫无保留地告诉给他。可是有一天，马丁神父突然俯下身来，笑眯眯地告诉波伏瓦，他听说波伏瓦变了，变得不听话、爱吵闹和犟嘴了，并让她以后注意这些事情。虽然马丁神父看起来很和蔼，但波伏瓦还是感觉头皮一阵阵发紧。一个信任的人，突然变成了传播流言蜚语的小人，这在波伏瓦看来太可怕了，她赶忙逃离了那个地方。这件事对她之后的成长造成了一定的影响。

在乡下度假时，波伏瓦晚上祈祷，白天却吃禁止吃的苹果、阅读大人不允许读的禁书。"这是罪孽！"她对自己说，但同时她又认为，没有什么能让她放弃尘世的快乐。"我不再信奉上帝。"当波伏瓦的脑海里浮起这个念头时，她一点儿也不感到吃惊，如果还信奉上帝，谁又会以冒犯上帝为乐呢？

信仰的改变并没有改变波伏瓦的生活，一些道德规范，如责任感、公德心和性方面的禁忌，已经深深地烙印在她的心里，她保留着以前的行为模式，并不准备做任何出格的事情。但让她感到痛苦的是，自己已经不信奉上帝了，却还要装模作样地去做弥撒、领圣体。她知道，按照人们的说法，这是在亵渎圣物，但她又能怎么样呢？她不敢把心中所想说出来，尤其不敢告诉父母，因为她知道，父母知道后会很生气。在母亲心目中，这是一个很严重的丑闻。于是她决定不告诉任何人，自己一个人默默地承受。

就在她每天这样撕裂之际，文学拯救了她。波伏瓦读了一本小说，书中的主人公因为被孤立躲进了旧磨坊，后来离开了人世。波伏瓦感同身受，为主人公的死哭了很久。她觉得自己的孤立不是一件可耻的事情，而是一种选择，她希望自己有一天也能写一本书，讲述自己的故事。

扎扎听说波伏瓦想当作家后，嘲笑她说："像我妈一样生九个孩子，跟写几本书一样有价值。"可波伏瓦认为，生几个孩子，孩子又生孩子，这是一种无聊的重复，跟当作家没有可比性。

15岁时，在一位朋友的纪念册里，她第一次表达了自己将来要从事的职业——当著名作家。为什么一定要当作家呢？波伏瓦在自己的回忆录里陈述了两个理由，一是父亲乔治崇拜作家，他把作家的地位排在科学家、博学者和教授之前；二是自己喜欢表达，遇到给自己留下深刻印象的事情，总有讲述或试图讲述的欲望。

1924年7月，在索邦大学的阶梯教室里，波伏瓦穿着蓝色的薄纱长裙，愉快地参加考试。最终，16岁的她顺利拿到了高中毕业会考证书。当她去领取证书的时候，主考人用玩笑的口吻嘲讽她："怎么，小姐！你是来搜集文凭的吗？"波伏瓦有点儿不知所措，这让她突然意识到，优异的成绩也有可能遭人嘲笑。

考试结果出来时，父母都在场，看着女儿取得的优异成绩，他们喜笑颜开。扎扎也通过了考试，她们又能继续在一起读书学习了，这让波伏瓦有说不出的高兴。

德西尔学校虽然在各方面都比较保守，但却很鼓励女性继续求学。学校有个制度，像波伏瓦和扎扎这样资优的学生，通过中学毕业文凭第一级别的考试后，还可以继续留校深造一年，学习哲学、文学和科学。只有这样，毕业后才能从事教学工作。那段时期，哲学突然流行起来，为了提高学校的知名度，校长也把哲学加到了必修科目中。

刚开始接触哲学时，波伏瓦感到很无聊，因为不仅父亲对哲学没有兴趣，她周围的其他人和扎扎周围的人也都对哲学存在着疑问。但波伏瓦的表哥雅克喜欢哲学，于是在表哥的影响下，她尝试着深入了解哲学，发现哲学远没有她想象的那么枯燥。此后，波伏瓦渐渐地被哲学独特的魅力所折服，因为她认为哲学能够直截了当地揭示事物的本质，这对不爱关注细节的她来说，有着莫大的吸引力。波伏瓦希望认识一切、了解一切，而不仅仅是浅显地观看，哲学恰恰满足了她的这种欲望。

一年后，波伏瓦又通过了中学毕业文凭第二级别的考试。乔治很高兴，就带着一家人去"十点钟"剧院看戏庆祝。乔治已经到了知天命的年纪，但依然前途渺茫，这让他心里很不是滋味，因此女儿学业上的优秀对他而言恰是个很大的弥补和安慰，他希望波伏瓦的未来有保障，最好能像她的祖父一样，从事行政工作，有固定的工资，享受退休待遇。如果有可能，他还希望女儿像他一样选修法律，用他的话说"总会用得上"。母亲跟父亲的观点一样，她甚至想让波伏瓦去做图书管理员，因为那个工作既安稳又不累。

为了防止武断地做决定，弗朗索瓦丝带着波伏瓦悄悄去索邦大学咨询。一位工作人员向她们介绍了图书管理员职业好的一面，也描述了困难的一面。听完工作人员的介绍后，波伏瓦还是想学哲学，因为她觉得当时拥有中学、大学教师资格和哲学博士学位的女性还很少，她很想成为那些先驱中的一员。可那些老师们告诉波伏瓦的母亲，说哲学腐蚀人的灵魂，在索邦大学学一年哲学，就会令人失去信仰和品德。看到母亲很不安，波伏瓦做了妥协，她决定先放下哲学去学文学。

第二节　恋上表哥雅克

　　小时候，波伏瓦觉得她认识的大部分男孩子都粗俗、狭隘，很少有能让她佩服的人。直到8岁那年，她遇到了表哥雅克。

　　雅克的祖父是个野心勃勃的商人，开着一个玻璃作坊，生意做得很大。雅克的祖母是波伏瓦外公古斯塔夫的妹妹，那时候古斯塔夫的银行还没有破产。弗朗索瓦丝在嫁给乔治之前，曾经对她的表哥夏尔产生过好感，夏尔也喜欢这个外貌清丽的表妹，就在两人即将谈婚论嫁之时，古斯塔夫的银行倒闭了，从此表哥一家对婚事缄口不言。

　　后来，夏尔同弗朗索瓦丝的一个表妹日耳曼娜结婚了，而弗朗索瓦丝则嫁给了乔治。这件事让古斯塔夫对外甥的意见很大，两家几乎断绝了往来。

夏尔婚后生了两个孩子，女儿蒂蒂特和儿子雅克。雅克2岁那年，夏尔不幸出了车祸。日耳曼娜守了5年寡后嫁给了维兰堡的一个公务员，又生了一个孩子。为了让蒂蒂特和雅克继续学业，日耳曼娜把他们兄妹俩和一位老保姆送到了巴黎，住在蒙巴那斯大街的老房子里。

雅克虽然只比波伏瓦大半岁，但他接受过很好的教育，加上从小失去父亲，所以显得比一般的孩子成熟。波伏瓦很快被他的学识和自信迷住了。她在回忆录里写道："他肤色红润，有一双金色的眼睛，头发像七叶树果实一样发亮，是一个很漂亮的小男孩。在二层楼梯口有一个书柜，他帮我挑选书，我们比肩坐在台阶上看书，我看《格列佛游记》，他看《大众天文学》。我们下到花园里时，是他出主意玩什么游戏。他着手造一架飞机，事先就命名为'老夏尔'，以纪念居内梅[1]。为了给他提供材料，我把在街上见到的所有罐头盒子都捡了回来。"[2]

有一天，雅克送给波伏瓦一块彩色玻璃，上面还刻了她的

---

[1] 居内梅是第一次世界大战期间法国最著名的战斗机驾驶员。

[2] [法]西蒙娜·德·波伏瓦著. 波伏瓦回忆录[M]. 罗国林，译. 作家出版社，2011（1）：42.

名字，这让波伏瓦兴奋不已，她还从来没有收到过如此讨人喜欢的礼物。于是，两个小孩决定"恋爱结婚"，波伏瓦甚至称雅克为自己的未婚夫，他们还骑着卢森堡公园里的木马进行了"结婚旅行"。

13岁时，雅克的举止已经很像大人了。他经常来波伏瓦家串门。有一天晚上，他来得比较晚，波伏瓦和妹妹已经睡下了。听到雅克按门铃，两人都穿着睡衣跑了出来，母亲见状呵斥她们："这像什么话，你们都是大姑娘了。"波伏瓦很惊讶，因为她在心里一直把雅克当哥哥看待。

雅克是学校的走读生，成绩优异，但他也有一些举动令波伏瓦不解，譬如他贬低《西哈诺》，却说不出其缺点。还有一次，在波伏瓦家，他以鉴赏者的样子朗诵一些诗歌，那些诗除了晦涩难懂外，令人感觉不到丝毫美感。波伏瓦和父母的观点一致，都认为他在装腔作势。但这并不妨碍波伏瓦对雅克的崇拜，雅克知道很多她不了解的诗人和作家。对波伏瓦来说，雅克就像一扇窗户，通过他可以看到外面的世界。

15岁那年，波伏瓦随父母一起到维兰堡度假，住在雅克的母亲日耳曼娜的家里。那时，雅克刚刚通过中学毕业会考的口试，他开心地邀请波伏瓦去打网球，打球期间他不停地用溢美之词赞美他的女同学，说她们衣着讲究，能一边打网球一边做学士论文，学习之余还外出跳舞。通过这件事，波伏瓦认为雅克对自己并不感兴趣，因为自己并不比他的那些女同学差。

1925 年 9 月，通过严格的笔试和口试，17 岁的波伏瓦被索邦大学录取，成了一名大学生。自 5 岁半入学，到成为一名大学生，11 年了，她非常高兴，终于可以告别德西尔学校，开启一种全新的生活了。

这天，好久没来的雅克突然登门，在文学方面，他与乔治话不投机，为了避免争论，他总是小心翼翼地规避着话题，用甜言蜜语逗乔治开心，还笑嘻嘻地讨好弗朗索瓦丝。但细心的波伏瓦发现，每当雅克偶尔暴露自己的观点时，所谈的事情都是她惊讶且感兴趣的。她在回忆录中写道："我不再觉得他自命不凡，他对世界、人类、绘画和文学，所知道的东西比我多得多。我真希望他让我分享我对他的感受……就是说我爱上了他。"[1]

为了让雅克看重自己，波伏瓦想了一个办法。圣玛丽学院有个讲授法国文学课的老师加利克，他创建并领导着一个"社会团队"，目的是把文化传播到大众阶层。雅克是这个团队中的一员，对加利克非常仰慕。波伏瓦想，如果她能成功让这位

---

[1] [法]西蒙娜·德·波伏瓦著.波伏瓦回忆录[M].罗国林，译.作家出版社，2011（1）：126.

新老师赏识她，并向雅克夸奖她的优点，那么雅克也许就不会再轻视她了。

加利克30岁左右，有点秃头，说话声音很活泼。波伏瓦很喜欢听他讲话。她说服扎扎也跟她一起来听课，遗憾的是，虽然她们表现积极，还认真写了一篇论文，但所获成绩平平，并没有引起加利克的关注。

时间过得很快，转眼一年过去了，波伏瓦发现心中的预期一个也没有实现，她好像生活在了一个笼子里，总是感到困顿不堪。父母不再急着让她结婚，而是希望她能有一个好工作，未来能养活自己，除了这个他们似乎不再关心别的。波伏瓦觉得跟父母没有什么可聊的，她不想待在家里，现在唯一能吸引她的，就是上加利克的课。

有一次，在雅克的介绍下，波伏瓦和母亲出席了一场加利克的报告会。她们来到一间豪华的房间里，雅克引导她们坐下后，便去和一些人握手，他似乎认识所有人，这一点让波伏瓦很羡慕。房间里很热，波伏瓦身上还穿着校服，有些让她透不过气来。这里的人她一个也不认识，好在加利克的报告让波伏瓦忘记了一切。

在报告会上，加利克先讲述了他的经历：20岁的时候，他在战壕里发现了一种可以消除一切社会隔阂的友情，这种友情让他感到快乐。停战之后，他回到了学校，但不愿失去这种友情带来的快乐。他认为，由仇恨带来的斗争不可能使社会进步，社会进步只能通过友谊来实现。他说："只要善待老百姓，老百姓就是善良的，资产阶级拒绝向老百姓伸出手，将犯一个严重的错误，其后果将落到他自己头上。"

这些话让波伏瓦耳目一新，她决定报名参加加利克的团队，把自己的所学奉献给人类。对待命运，加利克不是被动地接受，而是选择，他的生存有目的、有意义，为波伏瓦做出了榜样。在她的心中，加利克不是一个寻常的人，而是一个英雄。

波伏瓦渐渐对加利克产生了一种特殊的感情，她渴望了解加利克的一切，期待着有一天能与加利克平等地交流，甚至幻想过有一天能成为加利克的伴侣。如今在她的眼里，加利克的优秀已经盖过了雅克的魅力，可加利克已经结婚了，这点令她很扫兴，她只能自我安慰："我只不过希望稍许为他存在而已。"

扎扎对波伏瓦的行为很不理解，她认为波伏瓦对加利克的仰慕过头了。加利克上课总是迟到，这让扎扎很不快，为了表达这种不快，她在黑板上写道："准时是国王们的礼数。"而且，扎扎对加利克爱跷二郎腿的习惯也很看不惯，数次对此提出批评。波伏瓦不理解她为何如此吹毛求疵，但又感到庆幸，如果扎扎也像她一样，关注着加利克的每一句话和每一个微笑，她可能会无法忍受。

为了赢得加利克的尊重，波伏瓦更加努力地学习，终于有一天，她的一篇论文得到了加利克的表扬，这对她是个莫大的鼓舞。3月，她取得了文学结业文凭，所有人都向她祝贺。这天，雅克又一次来到波伏瓦家，他把波伏瓦拉到一边说："我前天见到加利克，大家都在谈论你。"他还提出要开车带她到布洛涅森林里兜兜风。波伏瓦感到既意外又兴奋，"我成功了！"她想，通过自己的努力，终于成功地让雅克对自己产生了兴趣。

雅克开着他的车，载着波伏瓦在湖岸行驶，他们一同回忆童年：维兰堡、《大众天文学》《老查理》和波伏瓦捡的马头铁罐头盒。"我让你跑了多少路啊，我可怜的西蒙娜！"雅克愉快地说。兜完风，他把波伏瓦送回家，即将下车时，他又狡黠地一笑，说道："你知道，人嘛，即使获得了学士学位，还是可以很好相处的。"这些话从雅克的嘴里说出来，让波伏瓦感到很幸福。

文学结业考试已过，波伏瓦虽然不再是加利克的学生，但她仍时常去听他的课，她想效仿他，唤醒自己心中的"团队精神"。现在，当波伏瓦在卢森堡公园里看书时，如果有陌生人和她攀谈，她都会热心回应，这在以前是不可能的，因为母亲对她的教育是不允许和不认识的女孩子一起玩。现在，她正试图打破一些老的禁忌，实践加利克的教导，她认为是加利克的存在照亮了她。

虽然加利克在她心中的位置依然很重要，但她又不得不承认，雅克的分量正越来越大。跟雅克相比，加利克逐渐变成了一个遥远的偶像，这种变化连波伏瓦自己也暗暗吃惊。但她不想搞明白，也不想探究雅克在她心目中究竟处于什么位置，以及他究竟是个怎样的人。她只知道，雅克关心她，与他聊天她感到很温馨，也很幸福。

第三节 巴黎大学的女才子

有一天，波伏瓦上完加利克的课兴奋地回到家，当她在门厅脱下大衣、摘下帽子时，突然愣住了，她看到地毯上有磨坏的线。家境的衰败，让波伏瓦意识到自己肩上沉甸甸的责任，"我必须尽责！"她自言自语道。

立下誓言后，波伏瓦比以往更加努力地学习，她睡得晚，起得早。为了不浪费时间，她连梳洗都懒得做了，不照镜子，也不清洗指甲，每天只是简单地刷刷牙。学习时，她不允许自己看无聊的书，也不参加任何娱乐活动。要不是母亲反对，她连每周六早上打网球的活动也放弃了。吃饭时，她的手里也拿着书，不是背单词，就是解答问题。父亲生气了，但波伏瓦装作没看见，对父亲的训斥充耳不闻。后来父亲厌倦了，便由着她。家里来了客人，母亲想让她出来打个招呼，她却迟迟不动。有时母亲发火了，她才从卧室慢慢走出来，往椅子上一坐，咬住嘴唇一声不吭。最后母亲没辙了，只好打发她赶紧走开。

波伏瓦的怪癖和异常表现，让家人和亲友都将她当成怪物。面对家人的指责和大家的不理解，她感到痛苦。超限度的学习使波伏瓦疲惫不堪，但她从来没有考虑过放弃，继续全力以赴地学习。

乔治对波伏瓦的文凭非常看重，他鼓励女儿努力学习，多拿文凭，以此来淡化家境的衰败带给他的沮丧。为了满足父亲的心愿，波伏瓦同时攻读文学、数学和哲学三个学士学位，这就意味着她必须在三所大学之间奔波：在巴黎大学的圣玛丽学院听文学课和哲学课；在天主教学院听数学课；在巴黎高等师范学校主修哲学课，参加法国哲学教师资格考试。

功夫不负有心人，波伏瓦的努力得到了回报。1926年3月，她取得了文学结业文凭，同年6月，她又以优异的成绩通过了数学和拉丁语证书考试。接下来，波伏瓦就开始了她最看重的哲学领域的学习。在圣玛丽学院，哲学课由朗贝尔小姐讲授。朗贝尔肯定波伏瓦会很容易取得教师资格，这给波伏瓦带来了很大的信心。

这个学期就要结束了，放假前，在圣玛丽学院的走廊里，波伏瓦遇到了加利克，尽管他的形象在她的心中已有些淡漠了，但一想到要和他告别，波伏瓦还是黯然神伤，她想再听一回他的课。在最后一场报告会上，波伏瓦目不转睛地望着加利克，她想把这张可能再也没有机会见到的面孔永远铭记在心里，而丝毫没有顾忌坐在一旁的母亲的疑惑的目光。

报告会结束后，波伏瓦依然不能忘记加利克。一天早上，她搭乘地铁来到加利克的住处，她知道他住几号楼，但不敢进去，她贴着墙根走过他的住所附近，在那里徘徊了一会儿，最后带着深深的怅然和失落离开了。

在回去的路上，波伏瓦遇到了雅克，他没有通过法律考试，正有点儿垂头丧气。两人交谈完分别时，因为10月份还能再见面，所以波伏瓦并没有感到难过。两人分别后，想起雅克热情的握手和微笑，波伏瓦有些不安，她担心雅克会把她的平静当成冷淡，于是给他写了一封激情洋溢的信，但信寄出后她没有收到雅克的回信。

波伏瓦一直无法明白她对雅克是一种什么样的感情，雅克长相俊雅，有一种孩子式的肉感的漂亮，但在他面前，波伏瓦从来没有过任何冲动和欲望。每当雅克对她有一些温柔的举动时，她心里的某种东西就会缩回去。他们是有血缘关系的表兄妹，在她心里，雅克更像一位有点儿疏远的大哥。无论波伏瓦的父母对雅克什么态度，他都没有放弃过对波伏瓦的关心，大概因为如此，波伏瓦才一直对他充满着感激和依赖。

为了迎接即将到来的哲学考试，波伏瓦又投入了紧张的学习中。她阅读柏格森、柏拉图、叔本华、莱布尼兹和阿默林[①]的作品，对那个曾宣布"上帝已死"的尼采，更是喜爱有加。她像着了魔一样，平均每天要读9~10个小时的书，饿了，就啃一块面包充饥。除了中午出来晒会儿太阳，其他时间她都泡在图书馆里。

在这种单调、枯燥、乏味的生活中，她获得了许多真知灼见，掌握了把握事物本质的能力。哲学的熏陶训练了她的洞察力、概括力和判断力。这一时期的学习，对她以后哲学观的形成产生了很大影响。

1927年3月，波伏瓦参加了《哲学概论》的全国会考，取得了第二名，名列榜首的是西蒙娜·韦伊[②]，排在波伏瓦后面的

---

① 莱布尼兹是德国哲学家，阿默林是法国哲学家。

② 西蒙娜·韦伊（1909—1943），法国哲学家、作家。

是梅洛-庞蒂[1]，后来他们都成了名人。

会考过后，梅洛-庞蒂通过朋友介绍认识了波伏瓦，他对波伏瓦开玩笑说，被两个女孩子超越感觉很窝囊，想了解一下她们有什么过人之处。

梅洛-庞蒂和波伏瓦同岁，已经在高等师范学校学习一年了。他出身名门，但从不装得一本正经，波伏瓦很快对他产生了好感，喜欢他"清秀的面庞""柔和的目光"和"小学生式的笑容"。他们熟了后，便养成了每天在卢森堡公园会面的习惯，波伏瓦总是准时赴约，然后站在王后的石头雕像前面饶有兴趣地看着梅洛-庞蒂"笑容可掬、装出诚惶诚恐的样子赶来"的画面。

梅洛-庞蒂在3岁时失去了父亲，他在拉罗歇尔长大，与母亲和妹妹相处得很融洽。他不像波伏瓦那样厌恶"封闭的家庭"，也不讨厌出入社交场所，一有机会就去跳舞。波伏瓦说话时，他总是"一副深思又洗耳恭听的样子"，这让波伏瓦觉得自己很受重视，于是便"迫不及待地向他展示自己的内心"。

他们身上有一些共同点，如都在宗教的熏陶下长大，都厌恶淫秽的歌曲、粗俗的举止和下流的玩笑。他们喜欢的书也大

----

[1] 梅洛-庞蒂是《波伏瓦回忆录·第一卷》中的让·普拉德勒，法国哲学家、评论家，著有《知觉现象学》《人道主义与恐怖》等。

同小异，当波伏瓦谈论一些挑衅性的话题时，譬如"不开化的人"等，梅洛－庞蒂从不随声附和，他把每一个人都看得有一点儿好也有一点儿坏，认为人与人之间没有那么多区别。他谴责波伏瓦的善恶二元论，责备她太严厉。但他的宽容也令波伏瓦有些不快。

有时候，为一个问题，他们可以坚持不懈地争论半个月。梅洛－庞蒂说波伏瓦"过于匆忙地选择了绝望"，波伏瓦则责备他"抓住虚幻的希望不放"。争执归争执，他们之间的友谊并没有受到影响，因为关键时刻梅洛－庞蒂总是让着波伏瓦。

波伏瓦想过，如果跟梅洛－庞蒂结婚会怎么样，她将他跟雅克对比后，觉得他并不会比雅克更合适。显然，梅洛－庞蒂比雅克有才华，但雅克身上却有着梅洛－庞蒂不具备的某种东西。最后，波伏瓦忧伤地发现，无论是梅洛－庞蒂的乐观主义，还是雅克的虚无主义，都不适合她，她暴躁的性格与他们中的任何一个都合不来。但波伏瓦还是很感激梅洛－庞蒂，因为跟他在一起时，她总是感到轻松愉快，他教会了她快乐，使她忘却了精神上的烦恼。

第四节　初识萨特

复活节过后，巴黎师范大学开学了。波伏瓦又回到了同学们中间，这是她大学生活的最后一年，也是她人生转折的重要一年。

在学校，波伏瓦与大部分同学都相处得很融洽，只有萨特、尼赞和勒内·马厄①对她始终冷冷的。他们三个人是一个小团体，平时上课总是坐得离其他人远远的，不与其他任何人来往。他们名声不好，有人说他们有大智和大勇，但比较好斗，对事物缺乏同情心。尼赞结了婚，经常穿高尔夫球裤，

———————

① 勒内·马厄是回忆录里的艾尔博。

戴名贵的玳瑁眼镜，镜片后面的目光冷冷的，看起来有点吓人。萨特个子不高，长得不英俊但也谈不上难看，是三个人中最可怕的。只有马厄看起来容易接近些，波伏瓦与他有过几次交谈。

有一次，马厄在布兰斯维克的课堂上做报告，在随后的讨论中，他调侃的声音和嘲讽的撇嘴，不时引得大家哈哈大笑。这让波伏瓦不由得对他刮目相看，觉得这个人挺有魅力。

一天上午，波伏瓦去国家图书馆学习，马厄正巧也在，虽然他衣着考究，但那张红红的脸庞和像野草一样茂盛的头发，使他看上去像个土包子。午饭时间在楼上的图书馆内部餐厅用餐时，仿佛约好了似的，他非常自然地在他的餐桌边给波伏瓦让出了一个位子。从这天开始，他们慢慢熟悉起来。波伏瓦知道他也已经结了婚，住在约姆街，还知道他有一个外号叫"拉马"。

马厄跟波伏瓦一样，也喜欢让·科克托①。有一次上课，马厄坐在波伏瓦身边，他画了很多科克托作品里的人物，还配了一些尖酸刻薄的短诗。波伏瓦觉得他这个人看上去也很怪，能在大学里遇到一个有相似特征的人，是一件让人欣慰的事情。

---

① 法国著名导演兼编剧。

更让她激动的是，马厄给她带来的感觉，竟然跟雅克有些相似，他们都喜欢用微笑代替一句话，而且都仿佛生活在书本以外的某个地方。每次相遇，马厄都会像老朋友一样，亲切地跟波伏瓦打招呼。波伏瓦很激动，她很想和他说一些有见识的话，但总是不知道该怎么说。

得知马厄不是天主教徒后，波伏瓦对他的好感又加深了一层，因为他们有了一致的地方。波伏瓦喜欢马厄的个性，他看上去非常自信，但又对自己满不在乎，这种自大与自嘲混合的性格特别令波伏瓦着迷。每次分别，波伏瓦都感觉意犹未尽。马厄仿佛看穿了波伏尔的心思，总是说下次我们一定要更多地谈一谈。一想到还有下次，波伏瓦就喜不自胜。

在日记里，她称马厄为"亲爱的拉马"，说他"有一种能抓住我心的智慧"。为了他，她甚至愿意放弃克莱劳、梅洛－庞蒂和其他所有人，连她自己也为这种迷恋的强烈程度感到惊讶。在与马厄见面时，她不知道是与马厄相会还是与她自己相会，也不明白自己为什么这么激动，好像真的发生了什么事似的。

事实上，不久以后，真的有一些事情发生在了她的身上，并且影响了她的一生，只是这时候她还不知道。

和波伏瓦熟悉以后，马厄就经常来国家图书馆，波伏瓦也总是在自己的座位旁给他留一个位子。一天，马厄请波伏瓦吃了一顿奢华的大餐，餐后散步时起了风，波伏瓦建议回去学习，马厄则说要请她喝咖啡，还笑称："不喝你学习效率不高，会坐立不安，妨碍我看书。"他领着波伏瓦去咖啡馆，喝完最后一杯起身时，他深情地说："真遗憾！"

马厄告诉波伏瓦，他的父亲是一位小学教师，他来巴黎是为了考高等师范学校。在预科一年级时他认识了萨特和尼赞，他欣赏尼赞与众不同的放荡不羁，但与萨特的关系更密切，说萨特表面看起来很冷，实际是个非常有趣好相处的人。除了这两位，别人他都瞧不起。他把克莱劳看成学究，从来不与他打招呼，他不攻击梅洛－庞蒂，但也不欣赏他。每当看到波伏瓦与别的同学在一起说话时，他总是轻蔑地离得远远的。

在国家图书馆读书时，有个匈牙利的学生总是缠着波伏瓦，向她请教法语方面的一些问题。马厄觉得这简直不可原谅，因为波伏瓦把时间浪费在了一个不值得的人身上。

波伏瓦越来越喜欢跟马厄在一起了，如果说跟梅洛－庞蒂在一起时她感到轻松愉快，那么与马厄的相处则让她更喜欢她自己。

刚开始，马厄总是亲切地称呼"波伏瓦小姐"，有一天他突发奇想，用粗体字在波伏瓦的日记本里写上："波伏瓦＝海狸。"他给出的解释是，海狸喜欢陪伴，而且具有建设头脑。

与马厄建立起的这种崭新的友谊让波伏瓦感到非常快乐，她认为，马厄的出现，给她的未来指明了方向，让她找到了自我。在马厄身上，她发现了一个完整的人，而不是像大多数同学那样，在精神、智慧和身体上是分裂的。波伏瓦厌倦了超凡入圣，她很开心马厄把她当凡间女子看待，他们之间的友谊是纯粹的，没有任何动机。

虽然波伏瓦和马厄相处融洽，但并非完全没有分歧。有一次，波伏瓦和他说起她和雅克的故事，马厄催促她嫁给雅克，说"不嫁给他，嫁给别人也行"，理由是女人就应该结婚。在他眼里，如果一个男人18岁还是处男，就是有毛病。女人只有嫁了人，才能献身于人。他的主张让波伏瓦感到不公平，她认为女人应该和男人一样，可以自由地支配自己的肉体。

她在回忆录里写道："他毫无意义的雄心壮志，他尊重的某些习俗，有时还有他的审美观，都使我感到困惑……每次离开他时，我就盼望下次和他会面。我所发生的一切事情，脑子里想的一切事情，都非和他讲不可。"[1]虽然他们两人之间有些小分歧，但不可否认的是，在认识萨特之前，马厄在波伏瓦心

---

[1] ［法］西蒙娜·德·波伏瓦著．波伏瓦回忆录[M]．罗国林，译．作家出版社，2011（1）：242.

中的位置是不可替代的。

萨特是通过马厄的介绍才决定认识波伏瓦的。他听说波伏瓦同他们一样在研究莱布尼兹后，便画了一幅漫画让马厄转交给她。在这幅画里，一个男人被一群美人鱼围绕着，画的名字是《莱布尼兹和单子们一起沐浴》。①

有一天，马厄告诉波伏瓦，说萨特想见她，并约定了见面日期。但传完话后，马厄却不希望波伏瓦赴约，理由是："我不愿意让别人碰我最珍惜的感情。"他认为萨特是想趁他不在，独霸波伏瓦。于是他就和波伏瓦一起编了个谎言，说波伏瓦去了乡下，去见萨特一事便由波伏瓦的妹妹埃莱娜代替了。

埃莱娜完成了姐姐教给她的任务，从萨特那里回来后，把她的所见所闻告诉了波伏瓦。她说萨特这个人挺有礼貌，但有些傻乎乎的，不仅相信了她的谎话，还请她看了一场电影，遗憾的是，他们没有怎么交谈。由此，埃莱娜断定，萨特不爱讲话，不像马厄所讲的是一个有趣的人。最后，她对姐姐说："我觉得马厄比萨特更有意思些。"

7月初，萨特再次向波伏瓦发出了邀请，希望波伏瓦帮助他们研究莱布尼兹，并说明了时间和地点：星期一的上午，他

---

① 单子：一种哲学概念，指一种非物质的实在。

和尼赞将在国际大学城等她。

这一次波伏瓦同意赴约，因为再不去就说不过去了。其实波伏瓦并不讨厌去见萨特。她早就听说萨特学业优秀，是个挺厉害的人，能够被他们的小圈子接受，她还是挺高兴的。

她梳洗一番后，有些紧张地来到萨特的住处。可当她推开房门后，却被眼前的情景吓了一跳：萨特的屋子里乱七八糟全是书和纸，每个角落都扔满烟头，房间里弥漫着浓浓的烟雾。

此后，波伏瓦每天都来这里，从陌生到熟悉，再也不拘束了。渐渐的，她对萨特他们三人这个小团体有了越来越多的了解，她发现妹妹的判断是错误的，这三个人中，最有意思的是萨特。尼赞虽然也很风趣，但总是一副心不在焉的样子，让人不太容易接近。

同萨特的交往越多，波伏瓦就越是感到真实的萨特与外面议论的萨特是完全不同的一个人，他对朋友非常慷慨，不仅表现在花钱方面，更表现在对朋友的整个态度上。他的知识储备非常丰富，与大家分享他的学识和独到的见解时毫不吝啬，哪怕花上数小时也不计较。对于他的慷慨付出，波伏瓦感到惊讶，她在日记里评价萨特，说他"是一位出色的知识引导者"。

第五节　扎扎之死

当波伏瓦正为结识新的朋友而欢欣鼓舞时，好友扎扎也迎来了她的爱情。只是没想到的是，扎扎的爱情给她带来的不是幸福，而是悲剧。

在索邦大学，扎扎依然是波伏瓦最好的朋友，波伏瓦熟悉的人，扎扎也都不陌生。由于大家互相都认识，波伏瓦跟梅洛－庞蒂一起散步聊天时，经常会叫上扎扎。

有一天，他们三人一起去听一场辩论会，从会场出来时天上下起了小雨，但他们还是走上了大街，对他们来说，在雨中漫步是一件很惬意的事情。波伏瓦发现，她的这两位朋友这天比平时更爱打趣，他们好像结成了同盟，竟然联合起来戏弄波

伏瓦。扎扎叫波伏瓦"无德贵妇"①，梅洛-庞蒂更过分，说波
伏瓦是"一个性情孤独的贵妇"，看着他们如此高兴地串通一
气戏弄自己，波伏瓦感到很开心。

此后，他们三人仿佛成了一个组合，经常一起去做一些事
情，如一起去酒吧饮茶，一起去郊外划船，等等。他们坐在一
条船上，扎扎身穿粉红色连衣裙，戴着小草帽，一双黑眼睛闪
闪发光。梅洛-庞蒂微笑着坐在她身边，眼神温柔、容光焕发。
他们都无比温情地注视着波伏瓦，对着她微笑，并说一些温馨
的话。他们两人表现出的默契再次让波伏瓦感到惊讶。

波伏瓦和梅洛-庞蒂经常会因为一些问题发生争执，譬如
梅洛-庞蒂把所有的人都看成一类。他认为所有的人，无论幸
福与不幸、信教与不信教、感情与感情之间，几乎没有什么
距离，不应该区别对待。波伏瓦却不这么认为，她把人分成
了两类，对少数人她有着强烈的眷恋感，但对大部分人她则
抱着鄙视的冷漠态度。两年来，他们就这个问题进行过无数
次争论，但谁也说服不了谁，好在这种争执并没有影响他们
之间的友谊。

一次，梅洛-庞蒂在给波伏瓦的信中说："尽管你的狂热

———————

① 小说《绿毡帽》里主人公艾丽斯·斯托姆的绰号。

无意中使我感到尴尬，而且与我那样背道而驰，但我还是对你抱着最深挚的和最难以理解的友谊。"那天下午，梅洛－庞蒂又一次向波伏瓦宣传对人类的怜悯之心，扎扎遵守《福音书》"不要评判"的训诫，谨慎地支持他。梅洛－庞蒂走后，扎扎对波伏瓦说，这是第一次，她没有感到是梅洛－庞蒂和波伏瓦之间的第三者，她很感动，并冲动地称赞梅洛－庞蒂是个好小伙子。梅洛－庞蒂对扎扎也非常尊重，他说扎扎是个好女孩，虽然话不多，但说出的每一句话都很有分量。

波伏瓦发现，她每次提起扎扎，梅洛－庞蒂都听得很认真。而扎扎对待梅洛－庞蒂的态度竟也一样，她在每一封给波伏瓦的信里，都会很有好感地说几句有关梅洛－庞蒂的话。波伏瓦突然意识到，她的两位好朋友已经被彼此吸引，他们相爱了。两年前，扎扎和安德烈分手后，一直郁郁寡欢，现在她重新找到了幸福，波伏瓦由衷地为这位儿时的伙伴感到高兴。他们三人继续经常一块儿外出，扎扎和梅洛－庞蒂的相处非常融洽，跟他们在一块儿，波伏瓦常常觉得自己像个插足者。

快乐的时光总是很短暂，扎扎和梅洛－庞蒂的爱情遇到了来自家庭的阻碍。早些时候，勒太太就放出话来，不想让扎扎继续读书，理由是她的姐姐已经出嫁，现在轮到她了。她已经为扎扎谋划了一桩婚事，并安排他们见了几次面。她问扎扎对那个男孩子有没有什么意见。扎扎说："没有，妈妈，但是我不爱他。"

勒太太很生气，当她知道女儿不同意她的安排的原因后，便开始阻止扎扎与梅洛－庞蒂继续约会，对波伏瓦的态度也变得冷淡起来。扎扎既不想与母亲对抗，又不愿放弃自己的爱情，矛盾的心情让她无法平静，甚至产生过去修道院做修士的想法。梅洛－庞蒂请求波伏瓦帮助扎扎，说他们可以在白天见面，就像偶然遇到的那样。

于是在波伏瓦的安排下，梅洛－庞蒂和扎扎在国家图书馆见面了。见面结束后，扎扎激动地告诉波伏瓦，她和梅洛－庞蒂已经秘密约定，等他获得教师资格并服完兵役后，他们就结婚。扎扎担心母亲反对，打算开学后再把这个决定告诉她。

就在波伏瓦认为，事情正在朝着好的一面发展时，扎扎的一封来信又让她感到了不安。波伏瓦意识到，扎扎和梅洛－庞蒂之间好像出现了什么误会，因为扎扎在信中说，她很难把现在的梅洛－庞蒂和三周前的他联系起来，也很难把他的信和不久前的那次会面联系起来。在图书馆见面时，他们彼此还是那样神秘和融洽，现在感觉，之前的一切不过是一种游戏。

为了让扎扎振作起来，波伏瓦给她回了一封长信。扎扎回信说，她给梅洛－庞蒂写了一封"有点冷酷"的信，但梅洛－

庞蒂的回信让她感受到了美好，她又重新变得快乐了。可是不久，又出现了新的困难。扎扎禁不住母亲的怀疑和盘问，供出了和梅洛－庞蒂仍在约会的事，虽然她只说了"一半实话"，但仍然产生了严重的后果：母亲准备把她送到柏林去，在新的决定作出之前，不许她再给梅洛－庞蒂写信并与之会面。

波伏瓦想，既然勒太太对扎扎和梅洛－庞蒂的关系不放心，不如让梅洛－庞蒂正式求婚，把他们的关系确定下来。但她的建议却遭到了梅洛－庞蒂的拒绝。波伏瓦很生气，她给梅洛－庞蒂写了封信，梅洛－庞蒂回信说，他妹妹刚订婚，他早已结婚的大哥——之前从没有听他提及过——要去多哥，他担心，如果他告诉母亲他也在考虑离开她，一定会给她带来致命的打击。

"那么扎扎呢？"9月回到巴黎后，波伏瓦问梅洛－庞蒂，她想让梅洛－庞蒂明白扎扎的处境。

"她是赞成我的。"梅洛－庞蒂说道。他的固执让波伏瓦无话可说。

梅洛－庞蒂的态度让扎扎失去了与母亲抗争的勇气，她瘦了，脸上没有血色，经常头疼。她不知道自己该怎么办，是为爱情抗争还是在失望中妥协，成了她每天反复思考的问题。可勒太太已经决定在12月送她去柏林，在那里待上一年。唯一的好消息是，在去柏林之前，她答应不再阻止扎扎跟梅洛－庞蒂见面。

波伏瓦替扎扎着急，她想让梅洛－庞蒂瞒着自己的母亲去跟勒太太解释一下，扎扎没有同意，她认为母亲不会听梅洛－庞蒂的解释，因为母亲不相信他们的爱情。勒太太认为，梅洛－庞蒂根本没有下决心娶她的女儿，否则早就带她去领证了，哪有母亲会因为儿子订婚而心碎的呢？一切都不过是借口而已。

"等一年，没有要把大海喝干那么难。"梅洛－庞蒂恼火地说。

梅洛－庞蒂和扎扎本来约定一天下午会面，但会面的当天上午，扎扎突然收到了梅洛－庞蒂的快信，他以叔父突然过世，其哀伤与约会的快乐不相容为由单方面取消了约会。

"他如果想到我怀着怎样的情感盼望这次相会，就不会寄那封信了。"扎扎伤感地对波伏瓦说。

梅洛－庞蒂的态度让波伏瓦费解，怀疑他是否真的爱扎扎。她曾经预言，梅洛－庞蒂的个性不容易爱上一个人，尤其像扎扎这样情感炽烈的女子，现在她觉得自己的担忧变成了现实。

接下来，事情似乎变得更严重了。勒太太不想让波伏瓦掺和他们家的事，拒绝她再登门，而且千方百计阻挠扎扎外出。

扎扎把希望寄托在梅洛－庞蒂身上，但他又一次推迟了约会，理由是，他要在家里陪母亲，因为哥哥刚走，母亲需要安慰。

波伏瓦最后一次见到扎扎是距上次见面的 10 天后，在国家图书馆外面，她碰到扎扎。扎扎看起来很愉快，她告诉波伏瓦说她最近考虑了很多事情，已经想通了，哪怕去柏林也不再害怕，以后她要读很多书，还要尝试写写小说。但波伏瓦发现，她的乐观情绪里有某种疯狂的因素。

4 天后，波伏瓦收到勒太太的短信，说扎扎病倒了，发高烧，严重头疼，已送进诊所急救。但是，急救没有成功，扎扎在诊所的病床上停止了呼吸。弥留之际，她一直在说谵语："我的小提琴、梅洛－庞蒂、波伏瓦、香槟酒……"波伏瓦深深地记住了这一天，1929 年 11 月 25 日，她伤心欲绝、痛不欲生。

是什么原因折磨着扎扎，以致酿成了这样的悲剧呢？勒太太抽泣不止，勒先生说这是上帝的旨意。很多年以后，一提起扎扎的死，波伏瓦对梅洛－庞蒂仍有恨意，她认为梅洛－庞蒂太过谨慎，他对扎扎的死有着不可推卸的责任。

直到过了 30 年后，扎扎的妹妹才把当时发生的一切都告诉了波伏瓦，她也才了解了事情的真相。原来，扎扎与梅洛－庞蒂一见钟情，没多久就把他介绍给了父母。勒太太很高兴，因为梅洛-庞蒂相貌不错，也很有才华，他们不反对女儿跟这样的人结婚。但按照习俗，他们需要对梅洛-庞蒂和他的家庭进行婚前调查。

梅洛-庞蒂一家长期生活在拉罗舍尔，他们家有三个孩子，父亲是海军军官，常年不在家。当调查到梅洛-庞蒂的母亲时，他们吃惊地发现，她与一位大学教授有私情，在拉罗舍尔的晚宴上，那位教授坐在妻子和情妇之间，这件事在当地几乎无人不知。更让他们不能接受的是，梅洛-庞蒂和他的妹妹都是母亲和这个已婚教授的私生子。梅洛-庞蒂姓的是母亲的丈夫的姓，他们是母亲的丈夫的法定孩子，在他们眼里，亲生父亲只是家里的一个朋友。

那天，当勒先生找到梅洛-庞蒂，把真相告诉他时，他几乎崩溃了。妹妹刚订婚，为了不让丑闻波及妹妹，梅洛-庞蒂答应了勒先生的请求，主动放弃扎扎。这就是梅洛-庞蒂在和扎扎的交往中突然变得前后不一的原因。他用各种令人难以信服的理由，一次又一次拒绝与扎扎会面。

看到女儿痛不欲生，勒太太试图找一个未婚夫来代替梅洛-庞蒂，发现不奏效后，又想把她送到国外去。可没想到扎扎对爱情太执着，得知母亲那样做的原因后，她承受不了心灵的煎熬，以致渐渐疯了。

扎扎最后一次发病是去梅洛－庞蒂家的前一天晚上。她撕掉了衣服，赤身裸体从楼上走下来。她大概想用这种方式来挣脱那些束缚在她身上的看不见的枷锁吧。第二天，她来到梅洛－庞蒂家，梅洛－庞蒂的母亲接待了她。当她作完自我介绍后，得知梅洛－庞蒂不在家时，竟然抓住梅洛－庞蒂母亲的手梦幻般地问梅洛－庞蒂是不是已经上了天堂。

梅洛－庞蒂的母亲被这个衣着考究、言语古怪的姑娘吓坏了，告诉她梅洛－庞蒂一会儿就回来。扎扎接着又问梅洛－庞蒂的母亲是否讨厌自己，不然为什么要阻止她与她的儿子结婚。梅洛－庞蒂的母亲向她保证丝毫不反对他们的婚事。

梅洛－庞蒂回来后，发现扎扎发着高烧，便把她扶进出租车，想送她回家。在回去的路上，扎扎用责备的口气问梅洛－庞蒂："你不能吻我一下吗？你怎么从来不吻我？"梅洛－庞蒂吻了她一下。

勒太太看女儿病得这么严重，就对梅洛－庞蒂说，她不想让自己的女儿不幸，打算不再反对这桩婚事。梅洛－庞蒂的母亲也不反对，所有的人都支持起了他们。既如此，按理说接下来迎接他们的，将是他们爱情的康庄大道，但一切都为时已晚，扎扎已到了弥留之际。在咽下最后一口气前，扎扎认出了母亲，知道自己就要死了，她说："亲爱的妈妈，别伤心，所有家庭都有废物，我就是我们家的废物。"

波伏瓦赶到时，扎扎已经躺在诊所小教堂的棺材里，周围摆满了蜡烛和鲜花。谁也不知道她究竟得的是什么病。波伏瓦在回忆录的最后说："夜梦中，她常常出现在我面前，脸蜡黄蜡黄的，戴一顶粉红色阔边软帽，责备地看着我。我们曾经一块儿与等待着我们的恶劣命运搏斗——有好长时间我都在想，她的死是为我的自由付出的代价。"①

---

① ［法］西蒙娜·德·波伏瓦著.波伏瓦回忆录［M］.罗国林，译.作家出版社，2011（1）：267.

第三章

传奇爱情

　　为了不被婚姻束缚，他们不必结婚，但他们是最亲密的生活伴侣，在真诚相爱的同时，保持着各自的独立生活和自由。

第一节　灵魂的碰撞

哲学的笔试考试结束了，出结果的那天，波伏瓦怀着忐忑的心情走进索邦大学，在大门口遇见了萨特。萨特说，他和波伏瓦、尼赞三人可以参加接下来的口试，很显然，马厄没有通过。

波伏瓦有点怅然，马厄曾经告诉她，如果笔试通不过，他就会立刻离开巴黎，明年无论如何都会在外省或者国外找一份工作。果然，马厄傍晚就走了，走的时候没有通知波伏瓦，只给萨特写了一封通知行程的快信，并在信里让萨特转告波伏瓦，他衷心地祝她幸福。

"从现在起，你就归我负责了。"在告诉波伏瓦笔试结果时，萨特说道。

此刻，波伏瓦还不知道萨特说这句话的意义，她只感觉到，凡是不与萨特在一起的时间，都白白浪费了。在准备口试的半个月里，除了睡觉，她几乎没有离开过他。他们一起参加考试，听同学们谈教训，坐尼赞的小汽车，与尼赞夫妇一起外出。有时候他们还一起去塞纳河畔逛旧书摊，逛累了就去电影院看电影，或者去露天的咖啡馆喝咖啡，他们边喝边聊天，一聊就是几个钟头。

波伏瓦在日记里写道："他理解我，能看透我，我被他迷住了。"萨特不仅有极高的语言天赋，还有一副天生的好嗓子，他给波伏瓦唱《老人河》，给她谈他未来的理想和规划。为了互相了解，有时候他也会问波伏瓦一些问题，并站在波伏瓦的价值观和立场上去理解她。他经常鼓励波伏瓦，让她无论如何都要保持自己身上最值得重视的东西，保持对自由的兴趣、对生活的热爱，保持好奇心和写作的热情。他不仅鼓励波伏瓦这样做，还表示愿意帮助她。感动之余，波伏瓦渐渐意识到她与萨特的不同，尤其在对待喜欢的事物方面，她觉得她的狂热跟萨特比起来就像温开水，譬如写作，波伏瓦觉得生活中不能没有写作，而萨特却是为写作而活着。

萨特出生在巴黎第 16 区一个富庶家庭，他的父亲让－巴蒂斯特·萨特是海军军官，在萨特不到两岁时就去世了。萨特的童年是在外祖父母家度过的，他的外祖父是文学博士，家里有很多藏书，在他的影响下，萨特也爱上了文学。萨特从小就开始写故事，9 岁时就写出了《给一只蝴蝶》《香蕉商》这样优秀的短篇。在教育界，所有人都认为这个早熟的孩子有一天会成为"文学界的王子"。哲学是后来才进入他的生活的，而且在很长一段时间里，他只是把哲学当成为文学创作服务的一种工具和方法，这一点跟波伏瓦非常相像，他们的最终目标，都是立志成为一名作家。

终于遇到了一个和自己一样的人，波伏瓦很激动，她在回忆录里写道："萨特恰恰满足了我 15 年的心愿：他是酷似我的人，在他身上我找得到自己的全部爱好，而且达到极致。和他在一起，我永远可以分享一切。8 月初离开他时，我知道他永远再也不会走出我的生活。"①

波伏瓦从萨特身上找到了自己理想伴侣的形象，这是她从 15 岁起就开始寻找的。萨特不仅在智慧上高她一等，而且对她非常尊重，不像马厄，有着明显的男子偏见，总想将她作为附属物纳入男人的世界中。什么女人必须嫁一个男人啊，男女在

---

① ［法］西蒙娜·德·波伏瓦著. 波伏瓦回忆录 [M]. 罗国林，译. 作家出版社，2011（1）：256.

性道德上应该有双重标准什么的，让她很反感。

波伏瓦清楚地意识到，和萨特在一起，她会被驱使着成就一番事业，所以她决定把自己交给萨特，因为她对这个男人有绝对的信心。但是，在把自己交出去之前，她决定先理清她和雅克的关系。

事实上，在遇到萨特之前，当她知道雅克和玛格达的私情后，就已经在心里做了决断。

那是一年前，雅克要去阿尔及利亚服兵役，临行前，他向波伏瓦提到一个在他口中"美貌非凡"的女人，说她叫玛格达，很想认识波伏瓦。雅克走后，有一天，波伏瓦在酒吧遇见了她。她穿着暖和的毛皮大衣，抹着红红的嘴唇，正在向雅克的朋友奥尔加打听雅克，说雅克跟她在一起还不到两年，就把她忘了，真是难对付。波伏瓦清晰地记住了她说的每一句话，当时她没有声张，但回到家躺到床上后就开始崩溃了。她想起了一本书上的话："我对这位朋友倾诉衷肠，拥抱的却是另一位。"她认为自己爱上雅克真是瞎了眼，简直自取其辱。

9月中旬，波伏瓦从梅里尼亚回来后，听说雅克服完了一年半的兵役，已于上个月回到了巴黎，她决定去看看他。

跟往常一样，看到波伏瓦，雅克从底层的办公室出来，热情地和她握手、微笑，请她上楼。坐在那套熟悉的红沙发上，他们开始闲聊，波伏瓦听雅克讲他服兵役的情况，讲他的烦恼和在非洲的经历。

"我们重逢多么不容易！"波伏瓦感叹。

"是啊，"雅克用手理了一下头发，"我们该重逢啦！"

波伏瓦打量了一下四周，这里的一切，包括雅克的声音和动作她都太熟悉了，她很高兴，但没感到激动，她已经不爱他了，更不会嫁给他。因为她发觉，即使在她最爱雅克的时候，他们之间也总是存在深刻的分歧。晚上，她在日记里写道："要克服这些分歧，除非我放弃自己，否则就只有放弃这种爱情。"

不久，由父亲出资，波伏瓦在外婆那儿租了一间房。她付给外婆房租，外婆像对待其他房客一样，不过问波伏瓦的私事。为了庆贺搬进新家，波伏瓦请雅克和他的两个朋友里凯、奥尔加来家里吃饭。她和妹妹准备好了酒菜和小糕点，但只等来了奥尔加一个人。

也就是在这天晚上，波伏瓦从奥尔加的口中听说了雅克将要结婚的消息。原来，雅克服兵役回来后，去廖库尔氏庄园度假时，那里的一个女子看上了他。在他们还没有互相了解时，那个女子就向父母宣布，她要让雅克当她的丈夫。雅克竟然也同意了。对于那个女子，奥尔加评价说，她除了有很多嫁妆，没有任何值得称道的地方。

波伏瓦明白，今天雅克没有来，就是为了让奥尔加把这件事告诉她。虽然她装得很不在乎，但等奥尔加走后，她还是感到很懊丧。她和妹妹在巴黎街头溜达了很长时间，想到她们青年时代的英雄变成了一个工于算计的资产阶级市侩，心里很难过。

雅克很快结了婚。但由于他和妻子没有爱情基础，过得并不幸福。波伏瓦经常看见他独自一人坐在酒吧里喝酒。饮酒过度导致他"面部浮肿、眼里含泪"。有一天，他突发奇想，把生产设备搬到一个同行的厂子里，他要拆掉老厂房，盖一座大楼靠收房租过生活。母亲和岳父都不同意他这么做，但他打定了主意，谁的话也听不进去。老厂房拆掉后，由于盖大楼的资金没有筹到，他的生活很快陷入了僵局。后来，他吃光了老本，不得不抵押变卖设备。在同行的厂子里工作了几个月后，不久他便被辞退了。没有钱，没有工作，游手好闲的雅克，只得靠妻子养活。再后来，他们夫妻关系恶化，他被扫地出门……

最后的时光，雅克过得很惨。波伏瓦和他早就断了来往，很多年后的一天，她在日耳曼大街上偶遇了他。波伏瓦回忆说：他才45岁，但看上去像60多岁。头发全白了，双眼充血、呆滞无神，且由于长期饮酒过度已接近半失明；脸上没有一丝肉，远看过去好似一个骷髅，只看到两个空洞的眼眶和一个凸出的鼻梁。他在塞纳河畔的一个征税站负责记账，每月挣 250 法郎。他给我看的证件显示，他的待遇与一个养路工差不多，生活得像个乞丐，在带家具出租的小客店里过夜，吃得很少，无节制地喝酒，没多久就丢掉了工作，完全走投无路了。他去向他母亲和兄弟讨吃的，他们责骂他没有骨气，只有他姐姐和几位朋友周济他。可是想帮助他也不容易，他不肯抬一抬指头自救，导致自己饿得只剩下皮包骨，在 46 岁那年死于严重的营养不良。

见到波伏瓦时，雅克曾动情地拉着她的手，后悔当初没有娶她，但他把这个责任推到了他母亲身上，说他母亲告诉他，表兄妹间结婚是该受诅咒的。波伏瓦不明白，他为什么不继续过单身生活，而是年纪轻轻就仓促达成了一桩不理性的荒唐婚姻。她把这一切都归罪于他的年轻。

第二节　卡鲁塞尔协约

　　考试结束后假期开始了。1929 年 8 月，波伏瓦到利穆赞度假。处于热恋中的年轻人是不可能长久分开的，波伏瓦刚走没几天，萨特就赶到利穆赞去看她了。这地方小，两人在一起十分显眼，为躲避流言蜚语，他们约好到远离镇子的郊外幽会。

　　一开始，波伏瓦担心聊天太枯燥，建议带几本书，但被萨特生气地阻止了，他甚至还否决了她提出的散步想法。两人不再注重形式，随便往草地上一坐，就闲聊起来。波伏瓦很快发现，她之前的担心是多余的，因为她和萨特有着聊不完的话题，时间根本不够用。

他们一大早就见面，该吃中午饭时，波伏瓦回家，萨特则到路旁一个废弃的鸽子笼里取一点奶酪和点心吃，那是波伏瓦请她的表妹玛德莱娜预先放好的，表妹喜欢浪漫，很乐意做这种事情。吃完饭后，他们又接着谈，波伏瓦总觉得天黑得特别快，话题刚开头天色就暗了。夜幕降临后他们分手，波伏瓦回家，萨特回他住的宾馆。

波伏瓦的反常引起了父母的注意，为了打消他们的顾虑，波伏瓦骗父母说，她和萨特正在做一个马克思主义的批判性研究。但这个主意没有奏效。第四天，波伏瓦和萨特谈兴正浓时，乔治和弗朗索瓦丝突然走了过来，波伏瓦心里一紧，感觉有什么事要发生。

萨特这天穿了一件颜色过于鲜艳的粉红色的衬衫，他看到乔治一副毅然决然的样子，霍地站起来，眼神中充满格斗的杀气。

乔治扁平草帽下的脸色有点尴尬，他和弗朗索瓦丝停住脚步，尽量用温和的语气礼貌地请萨特离开。他说这几天村里很多人在议论，波伏瓦的行为有伤风化，已经影响到了正打算出嫁的表妹的声誉。

萨特强烈反驳，说他和波伏瓦只是讨论哲学，并没有做什么出格的事情。波伏瓦的父母有些将信将疑，但他们还是走了，此后没有再为难他们。波伏瓦和萨特依然继续约会。为了避人耳目，他们把地点改到了更远一些的栗树林。

在利穆赞与萨特相会的 10 多天里，波伏瓦已经意识到，新的爱情正在向她招手，她开始想象一个独立与爱情并存的未来，这让她激动不已。1929 年 9 月中旬，她回到巴黎，见到了雅克，与自己的过去做了了断。从此，她与萨特的关系从幕后走到了前台，他们开始毫无保留地交往。他们每天在卢森堡公园里相会，谈他们的生活和未来，谈将来要写的书，还有他们之间的关系。

萨特崇尚自由，他认为作家应该像辛格笔下的花花公子一样，不会在任何地方和任何人身边停下。所以，他不认定一夫一妻制，不想放弃接触各种各样风情万种的女性的机会。他对波伏瓦说："就我们之间的关系而言，要的是必然的爱情，但是有一些偶然的私情也是合适的。"波伏瓦也不反对这一点，她觉得就这一问题的看法上，她和萨特的观点是一致的。

一天下午，他们与尼赞夫妇去香榭丽舍看电影，电影散场后，波伏瓦和萨特决定散散步。他们溜达着走进卡鲁塞尔花园，在卢浮宫旁边的一个石凳上坐了下来。一只小猫朝他们"喵喵"叫，那可怜的小东西好像饿了，一位夫人走过来，打开她手中的纸包，从里面拿出一些残羹剩饭，一边喂猫，一边温柔地抚摸它。这时，萨特开了口，他说："我们签一份两年的协约吧。"萨特解释说，为了不被婚姻束缚，他们不必结婚，但他们是最亲密的生活伴侣，在真诚相爱的同时，保持着各自的独立生活和自由。波伏瓦表示同意，因为她觉得，除此之外，任何规定对他们都不合适。

在当时，还没有这种婚姻模式，考虑到以后两人不能经常在一起，波伏瓦有些隐隐的不安，但她选择相信萨特，因为她觉得萨特是个非常可靠的人。"他绝不会给我造成任何不幸，"她说，"除非他比我先死。"

不久后，作为对第一项协约的补充，他们又达成了一个协议，协议约定"双方不仅永远不向对方说假话，而且不向对方隐瞒任何事情"。补充协议签订后，他们的关系更加透明了，波伏瓦相信，萨特会像她的父母过去时那样对她，让她继续感受到安全感和被呵护的感觉。她摆脱了一切约束，还获得了爱情，感到非常满足和快乐，这份快乐甚至掩盖了扎扎的早逝。波伏瓦回忆说，扎扎去世后，她的悲痛日胜一日，无以言表，只能在心里不断堆积。

11月初，萨特要去圣西尔要塞服兵役了，这意味着将有一年半的时间他们不能在一起。好在圣西尔距离巴黎不远，他们还可以经常见面。萨特去圣西尔后，波伏瓦每周赶在黄昏前去看他三四次。每到他们见面的日子，萨特就在火车站等她，然后两个人一起去饭馆吃晚饭。要塞距镇子有4公里，波伏瓦陪萨特走一半路程，然后再匆匆折回，赶晚上9点半的末班车返回巴黎。不久，萨特被调到了图尔市郊去看守气象站，每个月有一周的假期，这样他们见面的时间就多了些。但即使这样，波伏瓦还是想更频繁地与萨特见面。

这段时间，他们正处在热恋中，两人互称"我的小妻子"和"我的小丈夫"。更让波伏瓦激动和不安的是，对萨特的爱情唤起了她的性欲，这种欲望之强烈出乎她的意料，也让她备受煎熬。她在回忆录里写道：我希望性爱是随心所欲的，而不是深思熟虑的……性爱的快乐应该像大海涛涌，像桃树开花一样不可抗拒、不可预测。

虽然他们在协议中约定，两人可以无话不谈、互不隐瞒，但波伏瓦从小所受的教育让她感觉到，谈论性欲是可耻的事情，她不愿把自己的需要告诉萨特，只想等心爱的人来发现并安抚自己。可萨特的反应很迟钝，他好像是一个缺乏性欲的人，后来他自己也承认了这一点。1939年，萨特曾经说过："我很冷淡，这并非因为在25岁时，我还不懂事，而是我觉得这似乎是桩无理性的丑闻。"1943年，他在自己的哲学著作

《存在与虚无》中也写道："性欲就是麻烦，因为它遮蔽和折损了我们的自由。"

萨特在性欲上的表现让波伏瓦很失望，虽然她还爱着萨特，但她在日记中描述自己的爱"更多的是出于习惯，没有从前那么热烈了，也没那么纯粹和温柔了"。

波伏瓦开始不满足安逸的生活，她去找了一份教拉丁语的工作，由于教学经验缺乏，时间不长便遭到了解聘。她想起了自己的梦想，开始强迫自己读书、写作。可当她坐下来，下决心要写一本小说时，却发现根本不知道该写什么。一连串的打击，让她对自己越来越缺乏信心。后来，她干脆连日记也不写了，只是偶尔在一个小本子上写一句话。1930年的春天，她写道："我不甘心活着而一生毫无作为。"6月份她又写道："我失去了自豪感，这就意味着失去了一切。"

她的状态也让萨特感到了不安，他提醒她："当心成为一个守在家里的女人。"萨特的话触动了波伏瓦，她在回忆录里说："我肯定不会变成家庭主妇……遇到萨特之后，我相信赢得了一切，与他在一起，我肯定能实现自我。现在我想，指望别人而不是靠自己来拯救自己，肯定会迅速走向失败。"[①]

---

① [法]西蒙娜·德·波伏瓦著.波伏瓦回忆录[M].罗国林，译.作家出版社，2012（2）：41.

　　服兵役结束后，萨特打算去日本工作一段时间，这意味着他们又要面临一次长久的分别。波伏瓦开始反省自己，她意识到，自己不能再无所事事下去了，必须找点事做，好让自己的情感有所寄托。

第三节　情敌卡米耶

虽然波伏瓦和萨特有过约定，两人可以有偶然的爱情并互不隐瞒，但当萨特不时去看望卡米耶时，她还是感到非常生气和忌妒。

萨特和卡米耶的相识早于波伏瓦。在他的描述中，那是个迷人的女人，她有着金色的头发，碧蓝的眼睛，以及细嫩的皮肤和魔鬼般的身材。马厄也认识她，"谈起她时流露出欣喜的好感"。萨特的另一个朋友帕尼耶虽不太喜欢她，但也为之倾倒。这一切都让波伏瓦感觉到，与她争夺萨特的不是一个寻常的女人。好在萨特秉承着他们之间的约定，对她毫无隐瞒，通过他和朋友们的讲述，波伏瓦对卡米耶渐渐有了一些了解。

卡米耶是图卢兹人，比波伏瓦大四五岁，父亲是开药店的，她是独生女，还有一个收养的妹妹叫季娜。卡米耶自幼散漫放荡，不喜欢学习，只在大学里勉强学了两三年就退学了。她的志向是向男人献媚，因此，还是孩子的时候她就失去了童贞。18岁时她开始混迹风月场所，并将妹妹也拉下了水。平时，季娜负责招揽客人，她则在专门的会客室里等待。卡米耶有着敏锐的舞台表演意识，客人推开房门时，会看到一个金发美女，正一丝不挂地站在壁炉前面，手里捧着米什莱或者尼采的书，正在专心地阅读。她的修养、精明和美丽，让很多男人拜倒在她的石榴裙下，这些男人中，就包括萨特。

萨特和卡米耶是在他们共同的一位表亲的葬礼上认识的。那一年，卡米耶22岁，萨特19岁。萨特个子不高，葬礼上的他穿一套黑服，偏大的帽子几乎把眉毛都遮住了，看上去缩头缩脑。卡米耶是被萨特的丑所吸引的，她觉得当时的萨特看上去像米拉波[①]，虽然丑陋，但有一种特别的风度。戴着黑纱的卡米耶同样也引起了萨特的兴趣。他们一见钟情，初次见面就难分难舍，两人在一起待了4天，后来被各自的家人找到才分手。当时，卡米耶由一个富商的儿子包养着，正准备结婚，认

———————————

① 米拉波是法国大革命初期伟大的演说家和政治家，天生相貌丑陋，3岁时出天花又损害了他的容貌。——原注

识萨特后，她放弃了，在做体面的老婆和做妓女之间，她选择了后者。

从此以后，萨特经常跟卡米耶见面并通信，他鼓励卡米耶读书、写作，并答应帮助她成功。卡米耶尝试着写了几篇文稿寄给萨特，萨特有分寸地对其进行了评价和鼓励。为了跟卡米耶见面，萨特经常攒钱去图卢兹。卡米耶偶尔也会来巴黎。1926 年底，卡米耶在巴黎住了两个星期。为了她的到来，萨特作了很多准备，他东挪西借地筹钱，定旅馆房间，选择就餐的饭店，寻找跳舞的舞厅，但卡米耶仍然很失望，因为她觉得吃的和住的都是低档次的。唯一令她感到满意的是萨特带她参加了巴黎高师的舞会，她在那里大出风头。萨特想让她在巴黎待的时间长一点儿，于是就托人在文具店给她找了一份工作，但卡米耶瞧不上眼，没多久就回图卢兹了。后来她与萨特的感情慢慢冷了下来，直到最后无疾而终。

一年半后，即 1929 年，卡米耶给萨特写了一封信，说想见一面，两人又恢复了联系。再来巴黎时，她的身边多了一个叫杜兰的人。杜兰是剧场的名角，看过《狼的奇迹后》，卡米耶爱上了他。每逢他演出，卡米耶总是坐在第一排，"毫不掩饰地用贪婪的目光盯住他"。连续看了几个晚上后，卡米耶请求与杜兰见面。杜兰被打动了，最终答应包养她，并把她安置在加布里耶街距离戏院不远的一所房子里。杜兰年岁比卡米耶大很多，对她既慷慨又宽容，卡米耶经常以想念父母为由回老家，杜兰也不计较，因为他平时跟妻子住在一起，只是偶尔才来陪伴她。寂寞难耐时，卡米耶就去酒馆和街上徘徊，看上哪个男人就带回家过夜。有一次，她和季娜在街上溜达了一圈，带回两个嫖客，第二天，那两人不但卷走了她们的衣服和首饰，还把她们毒打了一顿。

卡米耶是个不安分的女人，尽管常有五花八门的消遣，但她还是觉得生活平淡无奇，希望给自己的生活注入更多的激情，于是她想起了萨特，希望他能再度回到她身边。

在乡下时，卡米耶身上有股乡巴佬的气息，来到巴黎后，她变了，变得成熟而又妖媚。为了成为一名真正的演员，她在作坊剧场里学习，在杜兰的节目里演配角。但经过诸多体验后，她觉得自己更适合写剧本、当作家。于是她在写了几篇短篇后，又想写长篇，拟定的题目是《魔鬼的故事》。正是这一点，让萨特重新开始欣赏她。

萨特希望波伏瓦向卡米耶学习，从浑浑噩噩的日子中走出来，重新焕发激情。波伏瓦写道："我想卡米耶比我与萨特更意气相投，因为她也是把希望寄托在未来的作品上。尽管我们关系亲密、相互谅解，但萨特也许更重视卡米耶，也许卡米耶的确更值得重视。"①

矛盾的心理让波伏瓦烦乱不堪，为了摆脱这种情绪，她决定与卡米耶见一面。而这时，卡米耶也从萨特那里听说了波伏瓦，也同样激起了她的好奇心，向波伏瓦发出了邀请。两人在卡米耶的住所见了面。

这次相见，卡米耶给波伏瓦的感觉很矛盾。一方面，她承认卡米耶确实很有魅力，她谈吐自然随便，再加上大量的手势和滑稽动作，很吸引人。另一方面她又觉得卡米耶有些浅薄，交谈时不断地摆弄手镯，摸自己的发髻，还不时地对着镜子顾影自怜，波伏瓦觉得这种孤芳自赏非常幼稚。

更令她看轻卡米耶的是，卡米耶声称，一个女人要使一个男人落入自己的网里很容易，只要略施小计，再加上调情卖俏，他就跳进网里了。但波伏瓦不认为爱情是靠耍手段得到的，卡米耶在性方面的轻率让她感到震惊，她不知道到底是卡米耶的思想解放，还是自己太保守。不管怎么说，在波伏瓦看来，同一个自己不爱的男人睡觉，是无论如何不能接受的。

从卡米耶的房子里出来时，已经是晚上了。为了使自己冷静下来，她开始毫无目的地在街上漫步，反复在一处台阶上上

① ［法］西蒙娜·德·波伏瓦著. 波伏瓦回忆录 [M]. 罗国林，译. 作家出版社，2012（2）：48.

上下下，心里总也抹不去卡米耶的身影。

后来，波伏瓦终于平静了下来，她学会了用两种眼光去看待卡米耶，并和她开始了正式交往。一天，波伏瓦和萨特去卡米耶家，卡米耶向他们介绍了下次演出中她要跳的舞，说她将饰演一个茨冈女人，想好了要给茨冈女人眼睛上贴一片膏药，并解释说，这样做是出于对茨冈人、对舞蹈和对戏剧美学精妙的考虑，并热情地邀请波伏瓦去观看她的演出。可到了现场以后，波伏瓦发现，无论是她的服饰、妆容、那片膏药，还是舞蹈动作的设计，不仅看不出美感，还十分令人觉得滑稽可笑。

一天下午，波伏瓦邀请卡米耶、妹妹和路过巴黎的费尔南多来家里做客。卡米耶走后，波伏瓦向大家吹捧她的美貌和善于营造气氛的艺术。费尔南多则提醒波伏瓦，说气氛主要是她营造的。波伏瓦很意外，她开始思考卡米耶那令人不安的才能，无论是写作还是谈吐，确实和她不在一个水平线上。这个发现让波伏瓦释然了很多。

"归根结底，我们不是同一类型的人"，波伏瓦最后得出了结论。虽然她心中还残留着卡米耶魅力的阴影，不过那种不适感很快就过去了，她对自己充满了信心。

在戏剧方面，卡米耶确实有一些天赋。在杜兰的指导下，她成功地改编了几部戏剧，颇受观众欢迎，在演艺界渐渐有了些小名气。杜兰认为她很有天赋，甚至开始崇拜她。但时间一长，她的一些恶习又开始表现出来，主要是酗酒后任意胡闹。

有一次，剧团正在演出，她喝得醉醺醺地爬上舞台，一把将男主角头上的假发扯了下来。还有一次，醉酒后她跑到台上，一边跳舞一边将自己的裙子往上撩，露出光溜溜的大腿。卡米耶的恶习不但葬送了自己的前程，还毁了杜兰的生活。有一次，她喝得酩酊大醉，竟然将一沓钞票扔进火里烧了，而那是剧团全体人员的工资。由于酗酒，她经常同杜兰大吵大闹，虽然杜兰每次都原谅她，但她的任性加重了他的病情。

后来，杜兰患癌症住进了医院，卡米耶一次也没有去看过他，临终时也不在他身边，所以杜兰的朋友对她的印象都很坏。杜兰下葬那天，没有一个人去接她，她不请自来，现场没人理她。杜兰去世一周年时，他的朋友和学生组织了一个纪念活动，萨特和波伏瓦陪着卡米耶也去了现场，这时的她又喝得大醉，整个人披头散发、衣衫不整，脸浮肿得厉害。整个活动中，她从头哭到尾，但那些来参加活动的人没有一个人理她，甚至连看都不看她一眼。

杜兰去世后，卡米耶更加孤独，酒也喝得更凶，不久便病魔缠身。这时的她没有任何经济来源，是波伏瓦和萨特向她伸出了援助之手，多次把她送到医院，去探望她，替她偿还债务，并承担了所有的生活费用。卡米耶很不好意思，她把这些钱视为对她文学创作的一种资助。每次见到萨特和波伏瓦，她都大谈她的创作，但实际上她什么也没写，长期酗酒已经使她丧失了思考和写作的能力。

卡米耶越来越封闭自己，只有两个大玩具娃娃和一只叫"内尔"的狗与她做伴。长期的自我封闭使卡米耶的思想越来越陈旧，与外界几乎丧失了联系，最后连波伏瓦和萨特她也不愿再见，每天与酒为伴，吃喝拉撒都在房间里。后来旧病复发，于1967年12月12日病逝于医院。下葬那天，给她送行的只有五个人，除去三个处理有关事务的人外，就只剩波伏瓦和萨特了。

第四节　在马赛执教的一年

　　1931 年的春天，23 岁的波伏瓦充满着焦虑与不安，因为萨特服役已经结束，正准备前往日本，这意味着他们又要开始长久的分离。2 月的一天，萨特突然接到通知，他去日本讲学的申请没有得到批准，已经指定了另外一名外教，他被分到法国北部港口城市勒阿弗尔的一所高中教哲学。

　　勒阿弗尔距离巴黎不远，萨特虽然有些失望，但也接受了。波伏瓦很高兴，她再也不用担心两人会分离了。不过她心中的大石头刚落地，她又接到了另一个通知，政府指派她到马赛教哲学。马赛距离巴黎有八百多公里，这让从来没有出过远门的波伏瓦目瞪口呆。

看到波伏瓦惶恐不安，萨特提了一个建议，说他们可以结婚，因为如果有了婚姻关系，国家就会给他们分配两个位置相近的职位。萨特说，在这种情况下，拘泥于原则是愚蠢的，我们反对婚姻，但是没必要做婚姻的殉道者。

虽然萨特提议的结婚只是在法律上走个形式，但波伏瓦还是感到惊讶。在内心里，她很想同意萨特的建议，但又担心结婚会使家庭责任和讨厌的社会义务增加一倍，这不是她想要的。

再说萨特，他刚刚失去了去日本工作的机会，成了一名外省教师，这本已是一种无奈，这时如果再让他改变初衷，步入已婚男人的行列，那么对他来说就意味着更大的放弃。虽然波伏瓦知道萨特不会怪罪她，但她会感到内疚，她不喜欢内疚的感觉，更不愿让这种感觉毒化自己的未来。于是，她果断拒绝了萨特结婚的提议。

很多人责问波伏瓦，问她为什么不想要孩子。波伏瓦在回忆录里承认，她曾经动摇过，尤其是想嫁给表兄雅克时，就曾无数次幻想成为一位母亲。可是现在，她改变了想法。她觉得现在与萨特在一起很幸福，有一个孩子并不会使他们的关系变得更紧密。而且她还有一个担忧，觉得自己与父母亲情淡漠，怕自己有了孩子后也是这种状况，所以她就宁愿选择不要孩子，而专注于自己的事业。因为写作需要时间和自由，她认为只有不生孩子，她才能达到她想要的那种忘我的自然状态。

最终，波伏瓦和萨特没有选择婚姻，而是选择修改契约的内容，他们把那个临时性"契约"延续到了 30 岁以后，这期间他们可以短暂分离，但不能长时间独处。

这时候，有人告诉波伏瓦，马赛是一座很美丽的城市，一学年只需工作 9 个月，虽然那里很遥远，但火车的速度很快。波伏瓦的心平静了下来，她决定利用最后一段时间，和萨特度过一个完美的假期，因为假期结束后，他们就要分开了。

就在他们为去哪里度假而犹豫不决时，来巴黎不久的费尔南多邀请他们去马德里，说可以住在他家里，这样就能省下一大笔钱。两人都很高兴。萨特从他祖母那里继承了一笔遗产，还有一些余钱，当即买了票，把法郎兑换成了西班牙货币比塞塔。

波伏瓦第一次出国，非常兴奋，她说她永远忘不了在菲格拉斯的那个夜晚。菲格拉斯位于西班牙和法国交界处，到达那里后，他们入住了一家小客栈。在小客栈吃过晚饭后，他们出去漫步，看到夜幕慢慢降临平原，波伏瓦心里非常激动，不停地感叹："这就是西班牙！"

后来，他们又去了巴塞罗那、马德里、塞戈维亚、阿维拉、托莱多以及潘普洛纳。9 月末，假期结束后，他们搭上了驶往巴黎的火车。中途，波伏瓦在巴约讷与萨特依依惜别，去往她的执教地点——马赛。

后来，波伏瓦回顾自己的一生时，她说在马赛的那一年，是她人生中的一个崭新的转折点。

抵达马赛后，波伏瓦先在火车站附近租了房子，然后就去了她工作的那所中学，拜访女校长，安排课程，一切都还算顺利。从今以后就要在这里工作和生活了，波伏瓦望着马赛的房屋、树木、街道和来来往往的人群告诉自己，从现在开始，她要了解这里的一切，包括自己。

马赛是个美丽的地方，不久，波伏瓦就迷上了这里。她喜欢攀爬这里的假山，喜欢在大街小巷闲逛，还喜欢乘坐摇摇晃晃的有轨电车去寻找她喜欢的风景。有辆电车的起站点就在她的住所附近，为她的出行提供了便利。波伏瓦很快发现，马赛周围的自然景色也很美，用她的话说"既荒僻又容易接近"，这对喜欢户外运动的她来说，无疑是一个惊喜。

远足是马赛人最喜欢的体育运动，波伏瓦也加入了这个行列。与众不同的是，她去远足时总是一个人，不与任何人为伴，也不做什么准备。到了没课的日子，她一大早起来，穿上旧长衫和帆布鞋，再往提包里塞几根香蕉和几块面包，拎上就出发了。

波伏瓦对远足的爱好近乎疯狂。11月末，妹妹埃莱娜来马赛看她。姐妹俩很久没见，为了让妹妹体验自己的新乐趣，她带着埃莱娜一起远足。有一次走到中途，埃莱娜发烧了，波伏瓦让她在招待所里休息，自己一个人执意走完了全程。同事们提醒她，说一个女孩子远足太不安全，容易出事，但她依然大着胆子独行。在旅途中，她遭遇过一些险情，譬如在搭便车时被司机骚扰，在行走的途中被一只疯狗狂追，但最终都有惊无险。这之后，她变得更加无畏了。

上课对于波伏瓦来说是一件轻松的事情，因为她刚从学校毕业，所学的知识都记忆犹新，不用备课就可以侃侃而谈。而且这里的学生年龄都比较大，纪律性很强，不用担心上课的时候有人捣乱。看到学生在自己的课堂上学到新知识，波伏瓦感到非常欣慰。

但后来，她在讲授伦理课时遇到了麻烦。学生们不认同她对劳动、资本、正义和殖民化等问题的看法，纷纷进行反驳，最聪明的一个学生甚至离开了她头排的座位拒绝做笔记。

一次文学课上，她也遭到了反对，因为她讲述了普鲁斯特和纪德，这在传统的女子中学，是一件不得了的事情。波伏瓦没有意识到事情的严重性，她把卢克莱修的《物性论》论述痛苦的那部分内容和乔治·杜马《论心理学》中关于性和享乐的章节复印下来发到了那些少女手中。一时间，家长们怨言四起。为了平息众怒，校长召见了波伏瓦，波伏瓦进行一番解释后，事情才平息下来。

波伏瓦的自由和独立，也让她的同事们感到不可接受。她在回忆录里写道："总的来讲，这所中学的教职员工都不正眼看我……不过我还是与两三位同事建立了友好关系，她们爽直的作风令我喜欢。我与她们之中的一个成了挚友。"[①]

波伏瓦说的这个挚友是图梅兰太太，她和波伏瓦一起远足，还把自己家里的房子腾出来让波伏瓦居住。后来波伏瓦发现图梅兰太太有同性恋倾向，便远离了她。

工作后，波伏瓦和父母的关系得到缓解。弗朗索瓦丝牵挂女儿，和乔治千里迢迢来马赛看她，他们一起去全城最好的餐馆喝鱼汤，一起游览圣博姆峰，度过了温馨的一周。父母走后，波伏瓦再一次陷入孤独中。为了打发远足以外的闲暇时间，她去看新上映的电影，去听音乐会，去歌剧院看歌剧，有

① ［法］西蒙娜·德·波伏瓦著. 波伏瓦回忆录［M］. 罗国林，译. 作家出版社，2012（2）：69-70.

一次她还惊喜地买到了在巴黎引起愤慨的《黄金时代》。但是，她最热衷的还是读书，她找到了一家供教员借书的图书馆，只有徜徉在书海时，她才能感觉到生活的充实。

回顾来马赛的这段日子，她对自己的表现感到很满意。刚到马赛时，她曾站在火车站前那宽阔的台阶上要求自己，希望自己能在没有任何人帮助的情况下独立而又幸福地生活。现在，她觉得自己做到了。

黄昏时，她走出校门，在门口卖小吃的摊点上买了一个肉末千层饼，边吃边回到她租住的房子，惆怅中又有几分温馨，这是她在巴黎从来没有体验过的。

生活给了波伏瓦灵感，她又开始拿起笔写作，虽然结果不尽如人意，但欣慰的是，通过写作练习，她学会了利用不同的角度进行叙述，这是她的一大进步。

在这期间，波伏瓦和萨特频繁通信，萨特正在写一篇关于偶然性的论文，两人经常就论文的内容进行切磋。6月份中学毕业会考前夕，萨特来看望波伏瓦，把她即将调到鲁昂的消息告诉了她。

原来，法国教育部的总督学帕罗迪先生认识萨特，对他的才华非常赏识，当他听说萨特和波伏瓦一个在北方一个在南方后，就很周全地把波伏瓦调到了鲁昂。鲁昂距离巴黎只有一个半小时，距离萨特工作的勒阿弗尔只有一个小时。这令波伏瓦的心里乐开了花。

　　离开马赛时，图梅兰太太请波伏瓦多留两三天，她没有理睬。

第五节　鲁昂散记

　　1932 年秋天，波伏瓦到了鲁昂，她新执教的学校叫贞德中学，距离火车站非常近。她来这里的第一件事就是买一张火车月票，然后拉着行李住进了拉罗什富科酒店，因为这里距离火车站很近，能听见令她心安的火车汽笛声。

　　到贞德中学不久，通过尼赞介绍，波伏瓦认识了一个新朋友——科莱特·奥德里。科莱特是尼赞在一个共产主义者圈子里认识的，跟波伏瓦在同一所学校教书。她衣着考究，"有一张讨人喜欢的脸，一对顾盼有神的眼睛，头发剪得短短的，像男孩子往头上随便扣一顶毡帽"。

　　第一次见面，她们都有点儿局促，但十分投机，两人很快成了朋友。至于其他同事，波伏瓦觉得比马赛的那些人还讨厌，她选择不与他们接近。

诺曼底虽然是个开化的地方，但总是下雨，波伏瓦放弃了远足的爱好，逐渐养成了一些新的习惯：在保罗啤酒屋改作业、写作、吃午饭，原因是那里饭食差、顾客不多、非常安静。波伏瓦居住的地方是一个"干净、未加装饰、适宜旅行推销员住的房间"，下午四五点钟放学后，她回到住处，关起门来阅读、写作，"晚饭是自己在煤油炉上做点儿米饭，热一碗牛奶或巧克力"，草草地应付一下肚子。没有课的时候，萨特会来看她，有时候波伏瓦也去勒阿弗尔，或者他们一块儿去巴黎。

两人在一起的时间多了，有时候也会发生争吵。有一次，波伏瓦去勒阿弗尔看望萨特，她想去一个叫"弗拉斯卡蒂"的豪华饭店饮酒，因为那里面向大海、视野开阔。但萨特死活不同意去，原因是波伏瓦的长筒袜上破了一个洞。

还有一次，他们回到巴黎后，口袋里没钱了，朋友也都刚好不在身边，波伏瓦建议萨特去找他们经常居住的那家旅店的经理，但被萨特拒绝了，因为萨特觉得那人很恶心。为此，两人争论了很长时间。

去伦敦度复活节时，他们的意见也出现了不统一。波伏瓦对莎士比亚和狄更斯的遗迹很感兴趣，还想去看看英国皇家植物园和汉普顿宫；萨特的注意力却集中在社会下层的居民区，他揣摩的是居住在那里的失业工人是怎么生活的，以及他们平时都在想些什么。

在牛津，波伏瓦兴致高昂地逛着每一条小街，萨特却因恼火英国大学生的传统习惯和附庸风雅而拒绝踏进任何一座校园。在大英博物馆门前，他平静地告诉波伏瓦，他对此没有丝毫兴趣，"不过，你可以单独去那儿"。

类似的分歧越来越多，刚开始萨特总是顺从地迁就波伏瓦，让波伏瓦产生了一个错觉，以为他们俩具有"天生的默契"，在所有问题上的看法"就像一个人"。通过这些事，波伏瓦认识到，他们俩还是有区别的，萨特全身心地投入文学，而她看重的首先是生活，是眼前的生活状态。由于关注的重点不同，使得他们对事物的见解和认识也不完全一样。不过，由于他们都热爱写作，也都喜欢生活，所以这些分歧并没有影响他们之间的关系。

20 世纪初，德国哲学家胡塞尔① 创立了以"现象"为研究对象的科学，称之为"现象学"。现象学的诞生是哲学的一

---

① 埃德蒙德·胡塞尔（1859—1938），德国哲学家，现象学的创始人，同时也被誉为近代最伟大的哲学家之一。

个转折点，萨特对此很感兴趣。一天，他在街上遇到好朋友雷蒙·阿隆。阿隆在柏林的法兰西学院研究胡塞尔的现象学，刚回到国内。晚上，萨特和波伏瓦请他在蒙帕纳斯大道上的灯嘴酒吧相聚，还要了这家酒吧独具特色的杏黄鸡尾酒。突然，阿隆指着自己的酒杯说："你看，小伙伴，你如果是现象学家，你就可以谈论这种鸡尾酒，这就是哲学啊！"萨特激动得脸色发白，这就是他多年来所希望的，即根据自己在现实生活中的感觉来描述事物，从而抽象出哲学思想来，而现象学正中他的下怀。他立即在圣米歇尔大街买了一本列维纳斯①关于胡塞尔的专著，还没等书页完全裁开，就开始读起来。读到书中有关偶然性的论述时，萨特吃了一惊，以为被人挖了墙脚，再往下读，他放心了，在胡塞尔的体系中，偶然性并不重要，这个领域还有很多需要研究的课题。在阿隆的怂恿下，萨特决定去柏林，师从胡塞尔，对偶然性做一番认真的研究。

萨特向教育部提交了去柏林的申请，不久便得到了批准。1933年9月，他来到德国柏林的法兰西学院，开始了为期一年的留学生活。

----

① 列维纳斯（1906—1995），法国哲学家，原籍立陶宛，主要著作有《人文主义与作为他者的人》《超越存在：在本质之外》《专有名词》等。

1933 年的德国，乌云密布，空气中充斥着火药味。这一年的 1 月，希特勒当上了德国总理，从 5 月 2 日起，"卐"字旗就挂在了德国驻法国大使馆的上空。接着，两万多本书籍在柏林的歌剧院广场被焚烧，一大批德国作家、学者，尤其是有犹太血统的，都流亡国外，其中就有爱因斯坦。虽然还没到灭绝犹太人的地步，但一系列措施的实施，已经使德国犹太人的生存越来越艰难。

面对这一重大的国际事件，波伏瓦和萨特表现得很平静。后来，波伏瓦和萨特介入政治，参与了很多国内国际发生的重大事件。回忆这一段时光时，波伏瓦为他们当时"居然能相对平静地袖手旁观这些事件"而感到吃惊。她承认，这个时候他们关注更多的是自己，譬如她和萨特的关系、他们的生活，以及他们即将出版的书籍。

萨特去柏林后，波伏瓦在鲁昂继续她的文学创作，她准备写一本新小说，同时跟科莱特介绍的一个德国难民每周学习几次德语。她越来越不喜欢教师这个职业，因为它限制了她的自由，迫使她居住在鲁昂，迫使她在固定的时间去学校。但这是她的职业，为了生存，她还得继续干下去。

课堂上，她像在马赛一样，按自己对教材的理解去授课，从不照本宣科。为了避免麻烦，她不再把引起非议的书推荐给学生，而是让她们自己去读居维利埃的课本。

1933 年底，法国掀起了一个"鼓励生育"的运动，波伏瓦在课堂上含沙射影地嘲讽了这件事。她告诫同学们，女人不是生孩子的机器，不能天天围着锅台转，女人要像男人一样，走自己的路，有自由的心灵。不料这些话被人传了出去，遭到了一些传统、守旧派人士的攻击和诋毁，他们给上级写信，揭露某个不称职的教员进行反家庭教育。波伏瓦知道这是在针对她，在帕尼耶的帮助下，她写了一份报告递给有关部门，为自己的行为做了强有力的辩护。

就在波伏瓦为自己遭遇的不公苦苦作抗争时，萨特却在柏林有了一次"偶然"的恋爱。波伏瓦听说后醋意大发，同萨特爆发了激烈争吵，但当她知道事情的真相后，便不再怪罪萨特。

那个女人名叫玛丽亚，是萨特的同学安德烈的妻子，她是来陪读的，与丈夫一起住在一个破旧的小旅馆里。也许安德烈过分忙于学习，忽视了妻子的情感，玛丽亚好像生活在一个被遗忘的角落里。她常常一连几个星期不出门，一个人胡思乱想，猛烈抽烟，终日沉溺在自我的迷雾中，不明白自己来这个世界上究竟能干什么。

很可能是玛丽亚那种忧郁的如梦如幻的气质打动了萨特，

让他联想起从小就特别喜爱的月亮，于是他就叫她"月亮女人"。萨特同情"月亮女人"心灵上所遭遇的不幸，经常来陪她聊天，渐渐被她文静的微笑和脸上痴想的模样所打动，就这样两个人互有好感，默默地相爱了。但他们谁都明白，这种爱不会有结果，他们不期盼什么，也不承诺什么，只求现在两情相悦。

萨特把他的这次"外遇"毫无保留地告诉了波伏瓦，按照"协约"中关于自由的原则，波伏瓦坦然地接受了这一事实。但她依然心有不甘，她找医生开了一张医疗证明，请了几天病假就去了德国。见到玛丽亚后波伏瓦放心了，她知道这个女人不会对她构成威胁，因为她虽然漂亮，但没有思想，也没有追求，她和萨特找不到共同语言，更无法在事业上并驾齐驱。波伏瓦丝毫不忌妒玛丽亚，反倒还很喜欢这个与自己的个性完全不同的女人，后来她们成了朋友。

第四章

偶然爱情

　　波伏瓦已经意识到，萨特对奥尔加的重视超过了对自己的关注，这虽然让她很不甘心，但并没有让她失去理智。她知道，这是萨特的自由，依据他们的爱情"契约"，她无权干涉萨特和奥尔加的关系。

第一节 "小白俄"

1935 年，27 岁的波伏瓦突然觉得自己老了。她说的老并不是身体或面部的衰老或松弛，而是感觉身边的一切都褪色了，生活仿佛陷入了一种无休止的重复，再也没有能吸引她的事了。

萨特也感到失望无聊，他的朋友们都混得风生水起。尼赞已经出了两本书，且每本反响都很好；马厄的事业也有了起色（马厄日后成了联合国教科文组织的总干事）；只有他还默默无闻，写的书迟迟不能出版，他不想一辈子待在一个地方做教书先生，感觉自己是个失败者。

有一天，波伏瓦喝多了酒，想到人类奋斗的虚妄和死亡的在所难免，她泪如泉涌。萨特指责她太悲观，说酒精和眼泪并不能带来真理。而波伏瓦却坚持认为，只有喝醉了才能看清丑陋的真相。两人为此争执不休，其实当时的他们都处在消极悲观中，萨特甚至开始脱发。那时，萨特正在写一本《论想象》的哲学散文，这是德拉克洛瓦给他布置的一个任务，是为阿尔冈出版社写的。为了研究这个课题，萨特一直在思考梦和幻想。他有一个叫丹尼尔·拉加什的老同学，主修精神病学。丹尼尔告诉萨特，如果想亲自体验一下幻觉，可以去圣安娜医院打一针"麦司卡林"①，并告诉他，这种药不会对身体造成任何危害，但会在几个小时内行为怪异。

　　萨特听了老同学的话，去医院注射了这种药。房间内灯光微弱，他躺在病床上，眼睛闭上再慢慢睁开，慢慢等待着。然而，他期盼的幻觉不仅没有来临，却发现很多东西正以一种可怕的方式在变形：伞变成了秃鹫，鞋子变成了骷髅，还有一些可怕的面孔，更可怕的是，在他的身后还麋集②着螃蟹、章鱼和扮鬼脸的东西。

　　接下来的几周，萨特一直被这种恐惧折磨着。有一天，他

---

① 仙人球毒碱，从生长在墨西哥北部与美国西南部干旱地的一种仙人掌的种子、花球中提取的物质，具有强致幻作用，会导致人精神恍惚。

② 麋集：聚集；群集。麋，音 qún。

告诉波伏瓦，他可能得了慢性幻觉精神错乱症，10 年后就会疯掉。波伏瓦觉得萨特在胡说，因为他一点儿都没有得这个病的初期症状。为了防止他的想象演化为一场灾难，她生气地反驳他："你唯一的疯狂就是以为自己疯了。"

一位朋友认为萨特是操劳过度，给他介绍了一位医生，但那位医生只给他拿了点安神的药，不建议他休假。因为医生觉得萨特这种情况不宜闲着或独处。萨特只好回到勒阿弗尔继续教书。两个与萨特关系很好的学生听说他的病情后，经常过来陪他，其中一个学生叫雅克·博斯特，他后来成了波伏瓦的情人。

还有一位经常陪伴萨特的人叫奥尔加，她是波伏瓦的学生。只要萨特来鲁昂，奥尔加就来看他，这也是波伏瓦的主意，因为她去上课时，萨特的身边不能没有人。只是波伏瓦没有想到，很多年以后，她会为今天所做的一切感到后悔。

奥尔加是寄宿生，在贞德中学，大家都叫她"小白俄"，因为她的父亲是白俄罗斯人。波伏瓦第一次见到她，发现她脸色苍白，一缕金发耷拉下来，遮住了半张脸。所有的老师都认为她"有个性"，不太好调教。但波伏瓦却觉得她气质独特，是个与众不同的女孩。

奥尔加不喜欢写作文，交上去的作文常常只有三言两语，波伏瓦甚至没办法给她打分。但有一次，波伏瓦从那三言两语中发现了亮点，高兴地给了她全班最高分。后来的一次考试让波伏瓦对奥尔加更加关注。那是毕业会考前的一次模拟测验，考试时间到了，大家都交卷了，只有奥尔加还坐着一动不动。波伏瓦让她交卷，她却眼泪哗哗地哭了起来，原因是她觉得自己考砸了。作为老师，波伏瓦觉得应该跟她谈谈心。

礼拜天的下午，波伏瓦带着奥尔加去小河边溜达，还在"维克多"啤酒屋给她买了一杯饮料，两人边走边聊。奥尔加非常信赖波伏瓦，把自己的烦恼和身世都一股脑儿地告诉了她。她说她最大的烦恼是不相信上帝，但同学们都把她当成一个狂热的信徒，因为她讨厌那些"宣扬激进社会主义的女孩子"。

原来，奥尔加的父亲出身贵族家庭，因为躲避"十月革命"逃离了自己的祖国。母亲是法国人，年轻时也是一位有独立意识、敢于反叛传统的女性。因为和父母思想意识不同，奥尔加的母亲独自一人来到俄国教法语，后来认识了奥尔加的父亲，两人相爱并结婚。现在，她是一位俄国流亡者的妻子，虽然是在自己的国家，却和丈夫一样有流亡的感觉。

奥尔加比妹妹万达大两岁，她们的童年教育都是母亲给予的。母亲聪明、开朗、有教养，两个女儿还小的时候，她就让她们读书，给她们讲一些于她们的年龄而言还为时过早的故事。这种教育促成了奥尔加的早熟，她从小就有一种优越感，认为自己与别的孩子不同。作为鲁昂的走读生，她蔑视这个群体，不想与他们为伍，但又无法逃离，所以她很痛苦。

波伏瓦比奥尔加大9岁，在她眼里，奥尔加还是个孩子，她喜欢她的纯洁和真实。此后她们经常在一起散步、聊天，关系逐渐变得亲近起来。

中学毕业会考结束了，奥尔加成绩优异，但她的求学之路不太顺坦。奥尔加的梦想是成为一名建筑师，可父母认为女孩子干这一行没有前途，就自作主张地为她选择了医学。开学后，奥尔加到鲁昂攻读医学学位，但她对医学丝毫没有兴趣，两次医科考试都没有通过。父母很失望，认为她没有认真对待学业，不停地训斥她，他们勒令她退学，去冈城的一所寄宿学校学习。奥尔加不想去那个学校，也不想再继续学医，绝望中，她想到了波伏瓦，便给她写信求助。假期里，波伏瓦收到了几封奥尔加的信，知道她放假后没有立即回家，晚上睡不着就在鲁昂街头溜达，或去皇家舞厅跳舞。一星期后奥尔加才回到家里，她感到惶恐无助，宁愿去教养所也不想去寄宿学校继续学医。

奥尔加的无助打动了波伏瓦，她身上那种强烈的反叛意识，让波伏瓦想起了自己的少年时期。可奥尔加的脾性比她小时候还烈，"生起气来几乎昏厥过去"。同样，奥尔加的快乐也很极端，跳舞能跳到失去知觉。波伏瓦喜欢跟奥尔加说话，因为她会激动地倾听，更重要的是，奥尔加让波伏瓦体验到了给予的快乐。她惊喜地意识到，原来"被需要"和"对别人有用"是如此令人感动和幸福的事。因此，她决定帮助奥尔加。

1935 年的秋末冬初，萨特的病基本好了，这里面也有奥尔加的功劳。萨特生病的那段日子，奥尔加很用心地扮演着护士的角色，给他端茶、送水、读报、聊天。萨特很喜欢奥尔加大大咧咧的性格，讲了很多故事逗她开心，看到奥尔加脸上露出的笑容，萨特几乎忘记了自己是个病人。

得知奥尔加的处境后，萨特给波伏瓦提了一个建议，奥尔加讨厌科学，但哲学学得不错，何不引导她朝这个方向发展呢？萨特在勒阿弗尔开设了一个专门针对本科生的哲学辅导班，他说他可以跟波伏瓦一起辅导奥尔加，让她在最短的时间内拿到文凭。

波伏瓦豁然开朗，征求过奥尔加的意见后，她给奥尔加的父母写了一封信，请求和他们面谈一次。奥尔加的父母在伯泽维勒居住，他们客气地邀请波伏瓦到家中做客，还热情地给她准备了俄式晚餐。听了波伏瓦的建议后，他们表示愿意把女儿交给波伏瓦，请她做奥尔加的监护人。

回到鲁昂后，波伏瓦制订了一个作息时间和学习计划表，还在她居住的"小绵羊"旅馆给奥尔加租了一个单间。但好景不长，短时间的热情过后，奥尔加又出现了厌学心理。波伏瓦突然明白，虽然奥尔加的哲学分数考得不低，但实际上她对抽象思维并不感兴趣。波伏瓦曾经试图用批评来激励她，但不久就发现，她的批评不仅不起作用，反而让奥尔加的内心陷入了更深的绝望。圣诞节之后，波伏瓦和萨特便放弃了对奥尔加哲学的培养，因为他们不愿意看到奥尔加从一个痛苦跌入另一个痛苦中。

放弃哲学后，奥尔加解放了，她卸除了学习上的枷锁，从一个郁郁寡欢的女学生，变成了波伏瓦"最惬意的伙伴"。她觉得明天不可靠，所以从不去想明天的事，只想全心全意地过好今天。她不知疲倦地去跳舞、逛街，去维克多咖啡馆，坐在露天座位上听音乐……她不但自己玩，还拉着波伏瓦和萨特一起玩。从此，他们开始频繁地出入酒吧，在里面聊天、喝咖啡、打扑克，听酒吧舞女们聊八卦。

在奥尔加的带动下，波伏瓦和萨特仿佛回到了从前，他们又恢复了年轻人的朝气。不久，马尔科也加入了进来，他是萨特在大学城认识的朋友，刚来鲁昂任教，也住在"小绵羊"旅馆。马尔科有一副唱歌的好嗓子，喜好耍小聪明，常以捉弄人为乐，但对波伏瓦和萨特表现得很尊重，他的加入让聚会的气氛更加热闹。

但是，幸福的日子很短暂，不久波伏瓦发觉，萨特对奥尔加好像产生了一种前所未有的感情，这是波伏瓦始料未及的，她开始感到隐隐的不安。

第二节 不和谐的"三重奏"

这一时期，正是萨特事业和状态的低迷期，他百无聊赖，情绪低沉。奥尔加的出现，犹如一道光，将他日常生活的浑浑噩噩一扫而空。对于他来说，奥尔加不仅仅是一个具体的女性，还是青春和年轻的象征，同她在一起，他感觉自己并没有老去。所以，他要想方设法把奥尔加留在他身边。

有一段时间，奥尔加和马尔科走得很近，每次他们一块儿出去，萨特都会找理由和奥尔加吵架。后来波伏瓦发现，即使没有马尔科，萨特也会吃醋，他想把奥尔加占为己有。

面对这种复杂的处境，波伏瓦表现得很大度，也很矛盾。她认为与其看到萨特被幻想症缠身，不如让他去在意他和奥尔加的感情。不过，因为萨特急切地想要征服奥尔加，所以就格外地重视她。萨特不许波伏瓦轻视奥尔加的观点、品位和轻蔑。

显然，波伏瓦已经意识到，萨特对奥尔加的重视超过了对自己的关注，这虽然让她很不甘心，但并没有让她失去理智。她知道，这是萨特的自由，依据他们的爱情"契约"，她无权干涉萨特和奥尔加的关系。如果去干涉，就意味着撕毁契约，失去萨特。这是波伏瓦最不想看到的。通过几年的相处，波伏瓦发现，萨特已经成为她生命中的一部分。对于奥尔加，波伏瓦也很重视，她是个迷人的姑娘，波伏瓦喜欢她，尊重她，并不想失去她的友谊。经过再三思考，波伏瓦认为，与其尴尬地僵持这种局面，不如顺其自然，建立一种新型的人际关系，她给这种关系定名为"三重奏"。

定位好三人的关系后，他们的确相安无事地度过了一段轻松愉快的时光。但这种日子并没有持续太久，因为波伏瓦越来越感觉不自在。波伏瓦很在乎萨特，也很在乎奥尔加，但两种方式是不同的。当他们三个人一起出去时，波伏瓦就感到过去的奥尔加完全消失不见了，因为萨特期望的是另一个奥尔加。当萨特单独与波伏瓦在一起的时候与他照顾奥尔加的时候也判若两人。因此，当他们三个人聚在一起时，波伏瓦会感到双重的失落。

波伏瓦的不自在和失落并没有让萨特止步，因为他很执着，做事情从不半途而废，他不满足于只是胜过马尔科，要求奥尔加给予他一份纯粹的、和爱情一样排他的友谊。但奥尔加并不想做萨特的情人，因为她知道波伏瓦和萨特的关系，不想跟她所喜欢的老师争夺情人。因此她和萨特常常吵架，有时候也会生气地分手，但过后，萨特又会想方设法地求和。

有一天，他们又大吵了一架，萨特离开鲁昂回勒阿弗尔。两个小时后，奥尔加接到一个电话，一个陌生人告诉她，由鲁昂开来的火车到勒阿弗尔站时，下来一个小个子男人，他好像疯了一样扑向一个比他高两倍的壮汉，壮汉还了手，把小个子的眼睛都挖出来了。现在小个子已经被送进医院，他要见一个叫奥尔加的人。奥尔加吓坏了，赶紧去找波伏瓦。波伏瓦大惊，准备乘坐下一班火车去勒阿弗尔。动身之前，马尔科建议她先打电话问一下，看萨特是不是在学校。结果萨特接了电话，忙不迭道歉，说电话是他打的，他以为奥尔加能听出他的声音。他只是想通过这个玩笑让奥尔加消消气，使双方和解。波伏瓦松了一口气，奥尔加则尴尬不已。

但并非每次争吵都能开心收场。通常，奥尔加和萨特有了争执后，都会轮流向波伏瓦抱怨，请她当裁判员，判定孰对孰错。虽然波伏瓦常常站在奥尔加那一边，但是谁都明白，她的心是属于萨特的。奥尔加害怕和萨特的争吵会破坏波伏瓦对她的感情，这个想法令她气恼，因为她和波伏瓦的关系比她跟萨特更紧密。但现在，她明显地感觉到，波伏瓦对她没有以前亲热了。她既埋怨她，又怕因此失去她。有时候，为了报复波伏瓦对她的不冷不热，她故意和萨特走得很近。

有一次，波伏瓦和马尔科在啤酒屋吃午餐，奥尔加和萨特走过来，她冷冷地跟波伏瓦道了一声再见，然后笑着和萨特走了。但是，如果波伏瓦真的生气了，她又会很惊恐，然后再反过来疏远萨特。时间一长，"三重奏"中的每个人都身心俱疲，大家彼此在乎又彼此埋怨，曾经晴朗的天空而今布满乌云。萨特又陷入忧郁的情绪里，虽然没有刚得病时严重，但很让波伏瓦担心。最后，是马尔科的一个告密使他们的关系出现了转机。一天，波伏瓦正在圆顶咖啡馆写作，马尔科告诉她一个他亲眼看到的秘密：从一个紧闭房间的锁眼里，他发现奥尔加和博斯特在拥抱。

马尔科看到的没错，奥尔加的确和博斯特恋爱了，后来他们结了婚，成了夫妻。

在波伏瓦看来，奥尔加选择博斯特是一个明智的选择，因为这个选择打破了他们走不出来的"三重奏"怪圈。面对这突如其来的变化，萨特显得很平静，用波伏瓦的话来说，"他是个输得起的人"。

后来，萨特在他的战争日记中写道："从 1935 年 3 月到 1937 年 3 月，这两年期间，正是我对奥尔加疯狂爱恋的时候，也是我最懦弱的时候。"波伏瓦也在接受记者采访时声称，在每个人都付出很多的时候，他们曾经度过了一段非常美好的时光，如果没有那些幸福，"三重奏"不会持续那么长时间。所以，那段经历带给他们的不仅仅是痛苦，还有浮在痛苦之上的间或产生的快乐。

这段对波伏瓦来说并不怎么友好的插曲给波伏瓦留下了难忘的记忆，也给她的创作带来了灵感，她在回忆录中写道："生活中的一些现象稍稍脱离原有轨迹时，正是文学诞生之时。"她还有一句像名言一样的话："当生活乱了套时，文学就出现了。"

不久，她以这段经历为素材，倾心创作了一部长篇小说——《女宾》。与现实不同的是，在小说的结尾，她把奥尔加写死了，为此，她解释道："它对我有一种洗涤心灵的作用。首先，通过在纸上把奥尔加'杀'死，我把过去对她的气愤和怨恨都一笔勾销了。我净化了我们的友谊，把一切隐藏在美好回忆下面的不好的回忆都涤清了。尤其是通过一桩罪行让弗朗

索瓦兹 ^① 摆脱了感情上对皮埃尔 ^② 的依赖，我也因此找回了我的独立和自主。但不同的是，我并不需要犯下任何不可补救的过错来找回自己的独立，我只需要在一本书里把它描绘出来就好了。" ^③

---

① 《女宾》里以波伏瓦为原型创作的人物。

② 《女宾》里以萨特为原型创作的人物。

③ ［法］西蒙娜・德・波伏瓦著. 波伏瓦回忆录［M］. 罗国林，译. 作家出版社，2012（2）：266.

第三节　萨特与万达、波登

就在奥尔加名花有主、萨特意识到自己彻底没戏了的时候，他又遇到了奥尔加的妹妹万达。也许是为了弥补"三重奏"的失败，也许是爱屋及乌，萨特对万达也有了爱慕之情。

万达比奥尔加小两岁，无论外貌还是性格都近似她的姐姐，虽然她没有姐姐那么极端，但脾气发作起来却更令人难以招架。但越是难以驾驭的姑娘，萨特越是着迷，他花了很大力气追求万达。万达同她的姐姐一样，虽然对萨特有好感，但不愿做他的情人，无论萨特怎么追求，总是与他保持着一定的距离。

大约有两年的时间里，萨特与万达的关系时好时坏，常常为了一点小事就会吵起来。有一次，萨特从后面开玩笑拍了万达一下，万达就小题大做，萨特也借题发挥，万达呜咽着，萨特则装出一副很坏的样子。但吵着吵着，两人又吻上了。对于这个结果，他们似乎都很享受，仿佛为了让糖更甜，而故意在里面撒点盐。趁万达心情好的时候，萨特问她："你爱我吗？"万达说："在这一刻我爱你。"萨特哭笑不得。后来他回忆说，这天晚上他甚至动了一个念头，不想再追求万达，因为追的时间太长了，却仍然没有一个明确的结果。

就在萨特为得到万达而伤透脑筋时，却有一个姑娘主动投怀送抱了。

这位姑娘名叫波登，是一名哲学专业的大学生，正在为中学教师资格考试做准备。为了写一篇哲学论文，她请教了好几位老师，但都因种种原因未能如愿以偿。因为萨特是哲学教师，又小有名气，所以她最后找到了萨特这里。

波登有一个男朋友，叫布坦，是个作家，他们的关系很好，但还没有达到发生关系的地步。波登请教哲学问题时，也去找过梅洛-庞蒂，在前面我们讲过，梅洛-庞蒂是波伏瓦的挚友，自从扎扎为爱殉情后，波伏瓦因为生气，和他的关系就有些疏远了。不过 1945 年，他们又在一起创办了《现代》杂志，这是后话。梅洛-庞蒂对波登也有意思，他们的关系比较亲密，但还算不上情人。听说波登要去找萨特请教，梅洛－庞蒂表示反对。还在学校时，他就有些看不惯萨特，对他和波伏瓦契约式的爱情更是不能理解，他告诉波登："萨特在理论上也许还不错，但从道德上说，我怀疑他是否有那样好。"

波登是个执着的人，梅洛－庞蒂的话反而激起了她的好奇心，她决定去见见萨特，看看他到底是一个什么样的人。

经过打听，波登很快找到了萨特的住处。萨特待她如同对其他来找他的年轻姑娘一样，十分热情，并尽一切可能地解答她的疑问，而后提出自己的建议。谈完问题后，他们决定去酒吧坐坐，也许是酒精的作用，也许觉得萨特不像人们谈论的那样严肃，波登说话便也粗俗起来。

萨特听说她和一个叫布坦的作家有恋情，便说他们的交往最好到此为止，以后最好也不要单独在一起。波登听了萨特的话，表情平静而温柔，不知不觉中，她已经爱上了眼前的这个男人，表示愿意同萨特保持友好交往。离开酒吧时，萨特握住波登的手说，他对她有兴趣，但不知道自己该同她做些什么，因为他并不感到自己很需要她，如果她愿意同他交往，他只能给她三天时间。听了萨特的话，波登没有退缩，反而倒在萨特怀里。

跟以往一样，萨特把他和波登的关系，包括他们的性行为都如实地告诉了波伏瓦。"她像一棵折断的树倒在我怀里，要求我带她去我那里，我这么做了，她在那里过夜了。"他还特别提到波登的吻，说这个热情似火的姑娘，她的舌头具有电吸尘器般的能量，她的吮咂使他的舌头到现在还有点发疼。

波登离开时，萨特把她送上火车，告诉她："记住，九月份再见，我们将在 10 月 1 日结束我俩的爱情事件。"波登幸福地说："即使它结束于当下瞬间，我仍然是非常幸福的，我知道自己全心全意地爱着你！"

1938 年的 7 月，也就是在萨特和波登分离两个月后，他们又见面了，而这段恋情也确实是在 10 月 1 日前结束的。之后，他们像朋友一样，见过几次面，通过几封信，仅此而已。

萨特快刀斩乱麻般结束与波登的恋情，主要是怕影响他与万达的关系，当然，也怕波伏瓦有想法。另外他知道自己并不爱波登，而仅仅是一种对性欲的追求，他觉得这样做对波登和波登对他的爱而言也是一种不尊重。

与波登的主动不同的是，万达依然对萨特不冷不热，萨特很恼火，为了将她一军，萨特把他与波登的事告诉了奥尔加。奥尔加虽然不愿意成为萨特的情人，但她却不反对妹妹这么做，甚至还有促成他们的意思。她找到万达，不知道做了怎么的一番工作，使万达对萨特的态度有了些转变，但也仅仅较以前热情了一些，他们的关系并没有实质性的进展。

直到 1939 年 7 月，他们两个出去度假，美丽的景致令他们流连忘返，玩到最后几天，钱不够花了，只好省吃俭用，在旅馆只要了一个房间。到了晚上，万达洗漱完毕，准备睡觉。萨特没地方可去，只好拿起一本书来到门厅。黑暗中，他在门厅里走来走去，脚步声惊动了看门人。"谁？"看门人大声问。萨特只好溜进厕所，在黑暗的灯光下继续看书。万达起了恻隐之心，把萨特唤回房间，让他躺到自己的床上。这一夜，他们在一起了。

无一例外的，萨特也写信把他和万达关系的进展告诉了波伏瓦。他在信中写道："说真的，万达几乎总是迷人的，充满感情，同她睡在一起总是很好的，那是在早上和傍晚的某一时刻，看来她从中得到愉快，但这又让她有死过去的感觉，在欢腾之后，她平躺在床上，大约有一刻钟，好像已经离开这个世界而去。实际上，这让我们无论是争吵还是和解，都更有质量，也让我拥有了更多活力。"[1]

就在萨特和万达的关系有了突破性进展时，世界形势也在发生着变化。1939 年 9 月 1 日，纳粹德国入侵波兰。9 月 3 日，

---

[1] 黄忠晶著.爱情与诱惑 [M].黑龙江人民出版社，2003：125.

英国和法国同时对德宣战。第二次世界大战全面爆发。

　　萨特度假刚回来就接到了应征入伍的命令，他行动迅速，立即准备行装，奔赴前线。到了部队后，由于迟迟没有开战，萨特开起了小差，他惦念着波伏瓦和万达，几乎每天都给她们写信。

　　他想起 1929 年秋天，他在卢浮宫与波伏瓦签订"爱情契约"的情景，至今已经整整 10 年了。在 10 月 10 日那一天，他给波伏瓦写了一封充满柔情的信："我的心肝，你给了我 10 年的幸福！我最亲爱的宝贝，我要马上再给你签订一个新的 10 年契约！"

　　其实他更放心不下的是万达，万达优柔寡断、缺乏自信，他怕自己离开后，万达会移情别恋。当他听说万达跟戏剧学校一个叫波林的小伙子有暧昧时，他便怀疑万达背叛了他，使他痛苦不堪。这种忌妒心在他的一生中是很少有的，后来才知道是虚惊一场。万达对他一往情深，她在给萨特的信中写道："我仅仅有你，你是我知道的世界上最好的一个，因此我是这样爱你。"

　　萨特和波登的联系看似中断了，但他们的故事并没有结束。

　　事情是这样的，萨特和波登的关系结束后，波登还想与萨特修好，但遭到了萨特的拒绝。不知道是为了泄私愤还是故意，有一天波登将与萨特交往期间的一些书信给一个叫莫洛德基的小伙子看了，恰好莫洛德基认识万达，也知道她同萨特的关系，于是便向她复述了信的内容。万达听后勃然大怒，她用恶毒的语言写信质问萨特，为什么至今还与波登保持着联系。

萨特看到信后有苦难言，他在三天时间里一连给万达写了六封信。为了让万达相信她是他的最爱，他甚至违心地伤害了波伏瓦。他写道："你会很好地知道，我将不顾我的'神秘主义'，踏过每一个人（甚至包括海狸），去同你有一个好的关系。"这封信发出后，他又觉得这样写不太妥当，马上又给波伏瓦写信解释，把以上原话告诉了她，然后解释说那是手段不是目的，那样做是为了缓和和万达的关系。他说："我发誓对你是完全纯粹的。如果我不是，这世间就什么也没有了……你不仅是我的生活，也是我生活唯一的诚实，因为你就是你。"[1]

波伏瓦没有像万达那样大吵大闹，她选择了理解和大度，这也是萨特信任和尊重她的原因。万达就做不到这样，萨特的六封信仍然不能取得她的原谅，她认为萨特在欺骗她。为了取得万达的信任和谅解，萨特只好用了最后一个办法，他给波登写了一封言辞犀利的信，先寄给万达，然后再由她寄

---

[1] 黄忠晶著.爱情与诱惑 [M].黑龙江人民出版社，2003.

给波登。他在信中写道："我从未爱过你，由于我的粗俗，发现你生理上的愉快，而我有一种色情狂，因此被你的童贞所吸引。从第一天起，除了一个短暂的事件，我从未打算同你有更多的东西……"①

这场爱情风波终于平息了，带给波登的是伤害，带给萨特的是良心上的不安。波伏瓦评价说，给波登的信是一个地狱或一道深渊。萨特也承认，给波登写信这件事，是他有生以来所做的最卑鄙的事情。他写这封信的目的是让万达消消气，没想到她看后真的把信寄给了波登，还好，波登对此没有回应。萨特愧疚不已。他在给波伏瓦的信中写道："我跟她的性爱关系是可耻的。我在这里不是过分追究同她在一起的那个我，而是我总体上的性欲特征；我觉得，至今我在对他人的肉体交往中表现得像个被惯坏的孩子。我很少认识几个我在这方面不使她们陷入尴尬的妇女（恰恰是这位万达除外，真是奇怪）。您自己，我的小海狸，我对您始终只有尊敬，我也常使您尴尬，尤其是在最初的时候，您已经觉得我有点猥亵了，虽然没把我当作淫羊。我肯定，我不是这样的，那就当作猥亵吧。我觉得，我身上有某种很败坏的东西，还有，您知道，一

① 黄忠晶著.爱情与诱惑 [M].黑龙江人民出版社，2003：150.

段时间来我感到不快，因为我变了，当我在巴黎休假时您可能已经从我们的肉体交往中觉察了。有可能肉体的交往因此失去了强度，但我觉得，它赢得了洁净。无论如何我对待波登确实很卑鄙，我不像尊重您一样尊重她，不像爱护万达一样爱护她。"[①]

从这些事件中可以看出，萨特对万达是很重视的，对她的感情除了情爱外，还有一种父亲对女儿的呵护和关爱，他不仅在经济上资助万达，还把她和奥尔加都引进了戏剧界，为她们量身打造剧本，使她们后来都成了小有名气的戏剧演员。

---

① ［德］瓦尔特·范·洛索姆著．波伏瓦与萨特［M］.朱刘华，译．春风文艺出版社，2000：45.

第四节　波伏瓦与博斯特

1938 年 4 月，萨特那本历经磨难的《恶心》一书终于出版发行，这时候波伏瓦和萨特都已调回巴黎任教，从此，他们结束了长达 6 年的外省执教生涯，再不用每周来回奔波了，这是皆大欢喜的一件事情。

《恶心》出版后，反响很热烈，被誉为"我们时代的好作品"。这里面也有博斯特的一份功劳，正是他央求哥哥皮埃尔·博斯特，向跟他很熟的伽利玛出版社推荐了这本书，这本书才得以顺利出版。

在回忆录里，波伏瓦曾无数次提到博斯特，说他"笑容很灿烂，像王子一样优雅……因洒脱而近乎桀骜不驯……他没有任何野心，但有一堆执着的小欲望，每次得到满足都会欣喜若狂。他从来不说一句不得体的话，不做一个不得体的动作，他在任何场合都表现得恰如其分"。① 波伏瓦喜欢他的正直、温和开朗和善解人意，但却对他们长达 10 年之久的情人关系避而不谈。

显然，这是波伏瓦有意为之，她在回忆录第二卷的前言里说过，在回忆录第一卷，她对自己童年和青少年的叙述是毫不保留的，但从第二卷开始，要讲述自己成年后的生活，她就不能再无所顾忌了。她不想把这段恋情公布于世，除了她与博斯特的名声外，还要顾及奥尔加的感受。

波伏瓦与奥尔加的关系一直很亲密，虽然她们之间有过一段不太愉快的"三重奏"，但友谊并没有中断，所以，波伏瓦选择不公开是可以理解的。可是，她并没有彻底隐瞒下去，而是以书信的形式告诉了萨特和她的美国情人阿尔格伦。也许她不会想到，当他们离世后，这些书信会大白于天下，他们的所有隐私都赤裸裸地暴露在世人面前。

1938 年 7 月 27 日，波伏瓦在给萨特的信中写道："我三天前同小博斯特睡觉了，当然是我建议他的。"一句话，证实

---

① ［法］西蒙娜·德·波伏瓦著. 波伏瓦回忆录［M］.罗国林，译. 作家出版社，2012（2）：189.

了她和博斯特的关系，也为我们解开了一个谜团。波伏瓦曾经说过，在他们的爱情契约里，她和萨特拥有同样的自由，现在，她正在使用这个自由。

1948 年 8 月 8 日，波伏瓦在给阿尔格伦的信中谈到了她以往的爱情生活，这封信把她和博斯特的关系说得明明白白："博斯特出现了。他比我年轻许多，曾是萨特的一个学生，萨特很喜欢他。我主要是夏天时喜欢跟他一起在山里散步……一次到山里旅行，在同一个帐篷内睡觉，博斯特想和我睡在一起，并不构成一个问题……这是一种令人愉快的关系，没有激情，没有忌妒，没有谎言，有深厚的友情和柔情……除了萨特和博斯特，我只跟其他三个男人有一夜的关系，这些是我认识并喜欢而又不可能发展真正关系的男人……我不得不对博斯特解释，心中有些难过。我们仍然是很好的朋友——我常见他，萨特或他的妻子也在，有时单独见，我们之间的关系已很长久了，因此，上一封信中我告诉了你。"①

波伏瓦说的"上一封信"，指的是 1948 年 7 月 19 日她写给阿尔格伦的信。在那封信里，她告诉对方，博斯特是她多年前的情人，他们一起睡过觉，可能担心阿尔格伦误会，后来她

---

① ［法］西蒙娜·德·波伏瓦著.越洋情书［M］.楼小燕等，译.中国书籍出版社，1999：246.

又写了一封信，更加详细地阐述了这件事。

波伏瓦和美国作家纳尔逊·阿尔格伦是 1947 年认识的，共同的志趣让他们很快坠入情网。但因为是跨国恋，聚少离多，他们的关系只维持了三年就结束了。不过，他们之间的思念和爱慕并没有随着时间的流逝完全消失。波伏瓦去世时，是戴着阿尔格伦送给她的戒指进入坟墓的。

通过这封信，我们可以看出，波伏瓦与萨特之间的关系不是爱情，或者说是友谊大于爱情，波伏瓦曾经说过，她在乎的是萨特的思想和他们的共同爱好，至于别的，那不重要。

博斯特在波伏瓦心中的位置很特殊，他在很大程度上弥补了波伏瓦在情感上的空缺，他们之间不光是情欲，还有彼此的欣赏和爱慕。

在《女宾》一书中，波伏瓦用好几页描述了博斯特如何成了她的第一个偶然情人，字里行间充满着柔情和幽默。萨特收到她的信后，不但没有怪罪，反而赞许她处理得很好。"这对他和你都是运气。"他对波伏瓦说，但他的声音有一点保留。

博斯特是唯一愿意陪同波伏瓦远足的人，他、波伏瓦和萨特又组成了一个新的"三重奏"，但他们的关系是融洽而愉快的。萨特患幻想症时，博斯特尽心尽力地陪伴，并向他在出版社做编辑的哥哥推荐萨特的书稿。萨特把他和奥尔加都视为自己的家人，他曾经在一封给波伏瓦的信中说，"为了博斯特"，为了像他那样的小伙子，他们应该"重新创造人"。

但萨特也有一些担心，他曾经问过波伏瓦，有没有考虑到，如果同博斯特的关系继续下去，生活将会变得很复杂。对于这件事，波伏瓦不是没有想过，尤其想到奥尔加的时候，她常常感到自责和不安。跟博斯特相恋一年后，有一次跟奥尔加聊完天，波伏瓦给萨特写信说："我不觉得有什么懊悔的，但我的确有种欺骗了别人的感觉。"1938 年 8 月底，波伏瓦想跟博斯特在一起度过一整天，因为害怕遇见奥尔加，他们不得不离开巴黎，选择去博斯特的老家勒阿弗尔或者鲁昂见面。

波伏瓦仍然时常跟奥尔加在一起，但开始感到煎熬。有一次，她们一起外出，回到家后，波伏瓦止不住哭了起来。奥尔加每天都会给博斯特写信，也常在波伏瓦面前提起博斯特，想到他们在一起时的情景，波伏瓦非常痛苦，她只能趁奥尔加不在的时候再给博斯特写信。她告诉博斯特："我只有一个肉体的生活，那就是和你。"她希望博斯特一直在，而不只是她生命中的一个过客。波伏瓦与萨特的性关系一直不和谐，他们身体上的接触越来越少，而且双方都不是很投入，这也让波伏瓦更加珍惜博斯特，把他视为生命中的情人。

博斯特想起奥尔加时，也常常觉得心里一沉，但他告诉波伏瓦，那种感觉不会持续很久，因为"我太爱你了"。为了不伤害奥尔加，他们决定对她保密，所以直到1983年奥尔加去世，她都不知道这个秘密。

第五节 她们

"二战"期间，由于萨特去了前线，有两位女性朋友走进了波伏瓦的生活，她们关系异常亲密，引发了人们对波伏瓦是不是同性恋的讨论。

其实这两位女性朋友都是波伏瓦的学生。有一次，波伏瓦乘坐地铁正准备换乘时，一位漂亮的姑娘突然出现在她面前。她看着波伏瓦，绽放了一个大大的微笑，说："我想告诉您，小姐，总的来说，我觉得您的课非常有意思。"此后，她经常装着偶遇的样子在地铁口和波伏瓦见面，然后她们边走边聊，一直到学校门口。

她就是丽丝·奥勃拉诺夫（《波伏瓦回忆录》中的名字），

她的真名是纳塔莉·索罗金，是两位女性中的一位。

丽丝的经历和性格跟奥尔加有点儿相像，她们都是白俄人，性格都有点儿骄傲和极端，且都不太合群。唯一的不同点是，丽丝学习成绩优异，在班级是第一名。波伏瓦喜欢她大胆、直率和敢于说实话的性格；丽丝也喜欢这位对她信任、包容的老师。就这样，她们成了朋友。

后来，她们的关系越来越亲密，因为丽丝总来找波伏瓦，她向波伏瓦诉说父母对她的暴力、家庭的不和，以及父亲总让她学习一些她不愿意学的东西。看她眼泪汪汪的样子，波伏瓦很同情，经常安慰她。后来，丽丝越来越依恋波伏瓦，波伏瓦发现丽丝暗自在日历上做标记，把见到波伏瓦的日子涂成红色，没有见到的日子就涂成灰色，如果有很不好的事件发生就标记成黑色。她经常埋怨波伏瓦跟她在一起的时间太短，为萨特在外服役感到幸灾乐祸，因为如果萨特在巴黎，波伏瓦给她的时间就更少了。有一天，她甚至生气地说："我真希望他被人打死！"

波伏瓦在回忆录里说："有些日子，我很想一个人静一静：都是坏消息，不安、忧愁如影随形。我请求丽丝不要来校门口找我，可她还是照来不误。我对她说让我一个人待着，我没心情聊天，她就走在我身边，一个人说两个人的话。她让我心烦，我生气了，她则偷笑，最后总是以她大哭收场，而我也会缓和下来。她显得那么脆弱，在她面前，我感觉自己彻底被解除了武装。"①

在谈到和丽丝接触的理由时，波伏瓦写道：我继续写作、教书、看望朋友、无聊；我内心迷茫、孤独压抑。这也是为什么当丽丝费尽心机想走进我的生活时，我只是稍作抵抗就顺从了的原因。

这段话引起了人们的想象，如果是一般性质的朋友，为什么要用"抵抗"一词呢？波伏瓦和萨特的书信发表后，证实了人们的猜测。

1939年10月9日，波伏瓦在给萨特的信中写道："途中她可爱地挽着我的胳膊，然后凝视着我，同时难为情地支支吾吾。我不知道该对她讲什么。我感到自己像面对着一位跟所有的处女一样充满神秘、有着心理障碍的处女引诱者似的；但这位引诱者有一个明确的指令：也就是引诱，捅穿那个秘密，如果我可以这么说的话，而我同时又是个猎物，那是一种同性恋女子都会遇到的相当不舒服的处境。"两天后，丽丝增强了她的进攻，在波伏瓦的住处袭击了她，将她拖上床，抽泣着，欢

---

① [法]西蒙娜·德·波伏瓦著.波伏瓦回忆录[M].罗国林，译.作家出版社，2012（2）：67-68.

呼着，吻着，将波伏瓦的手引到她身体的"正确位置"，以俄语和法语表达着爱情。"一点没办法，我卷进去了，她似乎特别的苛求专横，令我怏怏不乐。她对我的爱至少跟比安卡曾经爱过我的那样强烈。说到我，我当然像一截木头，等到战争结束时我将成为一个反性欲的动物。"①

从这里我们可以看出，比安卡早于丽丝出现在波伏瓦的生活里。比安卡是波伏瓦在莫里哀中学时的学生，丽丝出现时，她们的关系还很好，所以波伏瓦未能抽出太多的时间去陪伴丽丝。波伏瓦自己也承认，如果没有比安卡，她会给丽丝挪出更多的位置。

在回忆录里，波伏瓦对比安卡的着墨很少，她们的关系曝光是因为一本由美国人戴尔德勒·贝尔写的波伏瓦的传记。这本书出版于 1990 年，当时波伏瓦已经去世。贝尔声称，为了写这本书，他与波伏瓦进行过多次长谈，就是说，这本书采用的是第一手的材料，都是真实的。就是这个真实，让比安卡下决心站了出来，因为贝尔在书里用她的真名披露了她与波伏瓦和萨特的关系，她认为书里有一部分内容是真实的，但也有大量的诽谤和缺少根据的断言。为了给自己正名，比安卡写了一

---

① [德]瓦尔特·范·洛索姆著．波伏瓦与萨特[M]．朱刘华，译．春风文艺出版社，2000：29.

本《被勾引姑娘的回忆》。

在书里，比安卡承认，波伏瓦知识渊博，非常有魅力，同学们都被她那闪烁着智慧之光的蓝色大眼睛所打动。比安卡喜欢哲学辩论，为了得到波伏瓦的帮助，1938 年 3 月，她给波伏瓦写了一封短信，讲述了自己对哲学的爱好和对老师的钦佩。比安卡说，她永远不会忘记收到波伏瓦回信时的激动心情，就像飞翔在一片幸福的彩云之上。比安卡也有远足的爱好。有一次，她和波伏瓦去一个有着大片森林的山区旅行，走了 20 多公里的山路后，看到前面有个小旅馆，虽然里面条件很差，但她们实在走不动了，只好住了下来。就在这天晚上，比安卡说，她们有了腼腆的肉体关系。

旅行结束后，有一天，比安卡向波伏瓦请教一个关于想象的问题。波伏瓦犹豫很久，答不上来，便把萨特的地址告诉给了她，建议她去找萨特询问。萨特和蔼地回答了比安卡的疑问，他精辟的讲解让比安卡茅塞顿开。后来，他们三个一起去滑了一次雪，回来后，萨特便开始疯狂地追求比安卡。当时，萨特已经小有名气，他的追求让比安卡受宠若惊，感觉自己好像被一个大明星恋上了一样，不久他们便发生了关系。

不知出于什么心理，每一个爱慕波伏瓦的女孩，萨特都想得到手。怪不得比安卡在书中说了一句传播很广的话，她说波伏瓦是一个狩猎者，在"自己的女学生中寻找年轻的新鲜肉体，自己品尝后拱手送给萨特享用"。比安卡认为，这就是波伏瓦对她和奥尔加所做的事情。但她可能没有料到，奥尔加虽然是萨特的情人，但并没有与他发生关系。萨特也追求过丽丝，丽丝也喜欢萨特，但当她得知萨特想做爱的意图后，便果断离开了他。比安卡的书出版时，波伏瓦已经去世，无法对这一切进行解释和辩驳。

波伏瓦生前曾多次声明自己对同性没有兴趣，不是同性恋，她在马赛教书时也确实拒绝过女同事的骚扰，但比安卡的书出版后，还是引起了一片哗然。

波伏瓦曾经和博斯特讨论过比安卡，大概博斯特觉察到波伏瓦和比安卡关系不太一般，为此批评了她。波伏瓦在给他的信中解释道："我觉得从根本上来说，我并不是同性恋，因为我对同性没什么欲望，只是觉得和她在一起很陶醉，而且我也喜欢在晴朗的午后在床上躺着。"博斯特读到最后那句话的时候，一下子跳了起来，他觉得"陶醉"这个词太吓人了，让他感觉到很怪异。

比安卡和萨特发生关系后，波伏瓦就渐渐疏远了她。更令比安卡痛苦的是，不久后，她又收到了萨特的断交信，宣布他们之间的一切都结束了，理由是分别使他的感情"枯竭"了。

后来，比安卡和她的大学同学结了婚，虽然丈夫对她很好，但长期积累的焦虑还是让她得了抑郁症。1945 年，波伏瓦听说了比安卡的病情，她觉得比安卡是在与她、与萨特的关系中受到了伤害，于是提议和比安卡开始一种新的友谊。比安卡也产生了想重新见到波伏瓦的愿望。从那时起，在以后的 40 多年里，她们大约每个月见一次面，一直到 1986 年春天波伏瓦去世前的两个星期。

波伏瓦在临终前曾经问过比安卡："归根结底，你对我们的友谊，对我们经历的整个过程是怎么看的？"比安卡沉默了一会儿说："你们确实给我造成了许多损害，我由于你们而受到许多痛苦，精神上几乎失去了平衡，我的整个一生因此充满了烦恼。不过同样真实的是，没有你们我也不会成为现在的我，你们起初教给我哲学，后来为我打开了通向世界的道路，没有你们我自己无疑是做不到的。从那时开始，善与恶就互相平衡了。"①

波伏瓦和丽丝的关系什么时候结束的，并没有确切的时间。在同波伏瓦的交往中，丽丝认识了一个叫安德烈的男孩，两人互有好感，迅速坠入爱河。不久后，丽丝又讨厌起了他，

① [法]比安卡·朗布兰著.萨特、波伏瓦和我 [M].吴岳添，译.中国三峡出版社，1998：194.

同他分了手。但丽丝的母亲很喜欢安德烈，因为他家里很有钱，很希望女儿能嫁给他。当丽丝同她的第二个男友博拉同居后，丽丝的母亲很生气，她找到波伏瓦，希望她能说服女儿，让她回到安德烈身边。波伏瓦没有这样做，这惹恼了丽丝的母亲，她来到莫里哀中学，指责波伏瓦让一个未成年孩子堕落了。这件事造成了很坏的影响，学年结束时，校长开除了波伏瓦。这是1943年，第二年，学校恢复了波伏瓦的名誉，但她再也不想回去执教了。从此离开讲台，成了一名专职作家。

丽丝的爱情也很不幸，"二战"中博拉死了。后来，她又爱上了一位美国兵，并跟他去了美国，不久，他们有了女儿。1947年，波伏瓦去美国时见过丽丝，得知她的婚姻并不幸福，婚后不久丈夫有了情妇，丽丝便带着女儿离开了他。后来丽丝又嫁给了一位物理学家，两人感情还算不错，生了一个儿子。再后来丽丝的身体出了问题，1968年死于美国。

丽丝去美国后，可能由于环境等的差异，让她与波伏瓦的分歧越来越多，关系也变得时好时坏。虽然后来她们在美国和巴黎曾多次见面，但再也找不回以前的默契了。随着年龄的增长，她们的联系逐渐减少，有一段时间，波伏瓦只能从她们共同的朋友那儿才能听到丽丝的消息。实际上，丽丝从未忘记过波伏瓦，她死后一个月，波伏瓦收到一个包裹，里面是美国流行的一种圣诞水果蛋糕，要提前很长时间预订，那是丽丝在病倒的前两天寄给波伏瓦的，它凝聚着丽丝对波伏瓦一生的爱。

第五章

荣誉之路

　　波伏瓦一生中的重要著作《第二性》诞生了。人们把这本书誉为女性的"圣经"，说它是"有史以来，最健全、最理智、最充满智慧的一本书"。

第一节　战争与文学

　　战争仍在继续。萨特所在部队驻扎在靠近德国边境的布鲁马斯一带。1940 年 6 月初，德国对法国发动了大规模袭击，不久，法国战败投降。6 月 21 日，萨特在他 35 岁生日那天做了德国的俘虏，随后被送往德国战俘集中营。巴黎即将沦陷前夕，波伏瓦撤离逃难，随身携带的，除了必需的日常用品外，只有萨特写给她的全部信件。

　　法德宣布停战协定后，波伏瓦又回到巴黎，看到萨特 7 月的来信后，才知道他已经做了俘虏，波伏瓦感到震惊和不安，当她听到尼赞已经阵亡的消息时，她几近崩溃。战争是无情的，她为失去一位挚友而痛惜和难过。后来她又收到了萨特的几封来信，得知他还安好，才稍稍放下心来。

如同抱着一种信念和希望，波伏瓦决定重新开始写作。沦陷时期，巴黎的生活非常艰苦，由于食物短缺，波伏瓦常常吃不饱。1940 年的冬天特别冷，连续好多天气温都在零摄氏度以下，因为缺煤，波伏瓦没有生火，为了暖和一些，她每天去圆顶咖啡馆里写作。

1941 年 3 月底的一个傍晚，波伏瓦吃完晚饭回到住处，在信箱里她发现了一张纸条："我在三个火枪手咖啡馆。"她一眼就认出那是萨特的笔迹，喜悦的心情难以言表。当她上气不接下气地跑到咖啡馆时，却发现那里空无一人。这时，一个侍应生走过来，递给她一张纸条，原来萨特在这里已经等了她两个小时，这一会儿出去散步了，很快就回来。

波伏瓦终于看到了萨特的身影，激动地拥抱后，萨特给波伏瓦讲述了自己从战俘营里逃脱的经过。原来，战俘营里有很多被误抓的老百姓，德国人答应遣返他们，但须满足一些条件，譬如能够出示军籍簿来证明自己的平民身份，如果年龄太大或太小，身体有重大疾病和残疾的，也在被遣返之列。萨特符合第三个条件，他那只近乎全盲的眼帮他混过了体检，被德国人放了回来。

从战俘营回来后，萨特好像变了一个人。他指责波伏瓦不该在犹太人调查表上签字，认为那是对维希政权的妥协，还抱怨她不应该去黑市上买东西，认为有违道德规范，他为失去紧张而单纯的战俘生活遗憾不已。

萨特告诉波伏瓦，他回到巴黎不是为了享受温情和自由，而是带着使命回来的。两周后，他创建了一个叫"社会主义和自由"的组织，成员是梅洛－庞蒂、博斯特、奥尔加、万达等一些熟悉的人。萨特试图与法国共产党取得联系，希望与这个强大的组织联合起来，并肩作战。但法国共产党不信任所有不是由党创建的组织，尤其是"小资产阶级知识分子的组织"，萨特是从敌人的集中营里放出来的，他们更加不信任。遭遇冷落令萨特灰心和失望，虽然他为此准备了很长时间，最后还是违心地把组织解散了。之后，他与波伏瓦一样，全心全意投入创作中，这是他们所认为的能够对此做出的唯一的抵抗。

圆顶咖啡馆里经常有德国人出入，为了不惹麻烦，他们不再踏足那里，而是回到了寒冷又阴暗的旅馆中继续写作。旅馆的条件极差，不仅没有取暖的煤，连照明的电也不充足，让他们不得不为获得必要且充足的照明而额外想办法。此外，当时香烟也奇缺，萨特有很大的烟瘾，实在难熬时，他就到马路上捡别人扔掉的烟头，把它们揉碎后按进烟斗里抽。

1941 年 7 月 8 日，波伏瓦的父亲乔治去世了，他不堪忍受自己无所作为的后半生以及国家战败的屈辱，在饥饿的折磨下，令他的身体极度虚弱，突发的老年肺结核，短短几天就要了他的命。父亲面对死亡的淡然和从容让波伏瓦感到震惊，以前他常说既然人终有一死，那么哪一天死就无所谓了。弥留之际，他对一直守着他的波伏瓦说："你很早就懂得了谋生，你妹妹却让我花费不少。"他走时一个苏也没有留下，弗朗索瓦丝必须自谋生路，她凭借自己过往知识的积累，参加了一些考试，并拿到了相关证书，在红十字会里找到了一份图书馆助理管理员的工作。

波伏瓦和萨特继续沉浸在写作中，并逐渐取得了一些成绩。波伏瓦的《正当防卫》被出版社接受了，但他们觉得这个书名不太合适，经过斟酌后，波伏瓦改名为《女宾》。萨特的剧本《苍蝇》也被朋友杜兰搬上了舞台，获得了极大成功，主角奥尔加受到了大众的好评。为了满足万达的心愿，萨特又创作了一个几乎是为她量身打造的剧本——《禁闭》，搬上舞台后，也取得了不错的口碑。

1943 年，波伏瓦因丽丝母亲告状被学校开除 [1]，从此她便

---

[1] 具体原因在"她们"一节里已说明。

把更多的精力投入到写作中。继《女宾》后，她又写了两部长篇小说《他人的血》和《人都是要死的》，还应出版方的要求，用3个月时间写了一本哲学方面的小书《皮洛士与齐纳斯》。

1943年8月底，波伏瓦的处女作《女宾》终于出版了，因为不知道这本书的命运如何，她既激动又忐忑不安，直到某一天看到第一篇书评，才稍稍放下心来。

《女宾》的书评越来越多，大多是溢美之词，但也有人说她描写的那个圈子不道德，过于沉迷床笫之欢。对于这种卫道士的指责，波伏瓦感到震惊，因为《女宾》中关于床笫之事的描写非常少。让她惊喜的是，有个评论家说弗朗索瓦丝是一个渴望追求幸福的女性，这个评论让她觉得很中肯，但也有点出乎意料。随着《女宾》的热度越来越高，波伏瓦逐渐意识到，她的书就像一个实实在在的客体，从某种意义上说，已经脱离了作者，不受她的控制了。

《女宾》的出版，让波伏瓦走进了公众的视野。她在咖啡馆里写作时，会有人主动跟她搭话，或者送一些小礼物，有一个文学专栏的评论家甚至称呼她为"出版社的新生小说家"。波伏瓦非常感慨，她写道："就这样，因为我的书，我引起了人们的好奇、不屑和好感；有人是的确喜欢这本书。我终于实现了我15岁时对自己许下的诺言，我终于收获了漫长而令人不安的劳动成果了！我并不会让一些冒昧的问题坏了自己的兴致；我不会去想我的小说的绝对价值是什么，它是否经得住时间的考验：就让未来自己决定吧。眼下，迈出第一步对我而言就足够了：《女宾》在他人眼中存在，我已经进入了公众生活。"①

1943 年 10 月，波伏瓦搬进了塞纳街的新居。为了躲避"圆顶咖啡馆"里的德国人，她和萨特把写作的阵地转移到了"花神咖啡馆"。在那里，他们认识了加缪、毕加索等很多志同道合的朋友和进步文人。

随着朋友圈的扩大，波伏瓦和萨特的生活也发生了很大变化。"我们常常聚会，有时候是三三两两，有时候是所有人一起，在'花神'或附近便宜的餐馆里，但更经常是在莱里斯家。有时候我也请莱里斯夫妇、格诺夫妇和加缪在我家晚餐：我的桌子围坐 8 个人不是问题。博斯特会做点儿菜，常来帮厨。多亏了泽特时不时给我弄点儿肉，我今年的食品供应比去年好多了。我给宾客们准备了几大盆四季豆、几大盘炖牛肉，我想方设法备好足够的葡萄酒。'虽然质量不算上乘，但好在数量管够。'加缪说。我以前从来没招待过客人，这一新活动让我

---

① ［法］西蒙娜·德·波伏瓦著.波伏瓦回忆录[M].罗国林，译.作家出版社，2012（2）：179.

感觉挺新鲜有趣。"①

　　在战争的氛围下，这些聚会如同一束光，让他们暂时忘记了家园被侵占的痛苦。伽利玛出版社准备在《百科全书》系列中推出一卷哲学卷，由加缪、梅洛-庞蒂、萨特和波伏瓦负责伦理版块的编撰。萨特也产生了创办一份杂志的想法，由大家一起负责。刚步入文坛就能加入他们，波伏瓦感觉自己很幸运，她激动地说："我们已经走到了黑夜的尽头，曙光就要到来，我们将并肩迎接一个新的开始。"

---

① ［法］西蒙娜·德·波伏瓦著. 波伏瓦回忆录[M]. 罗国林，译. 作家出版社，2012（2）：182.

第二节　存在主义

1944 年秋，战争出现了转机，德国败局已定，但对抵抗运动的镇压也更加疯狂。7 月，有人告诉萨特，他参加的那个抵抗组织有人被捕，供出了他，让他最好躲避一下。于是萨特和波伏瓦来到巴黎郊区的一个乡村，住在一家小客栈里。8 月 11日，他们从广播中得知美军已经逼近巴黎郊外，于是他们赶紧收拾行李，骑上自行车回到巴黎，他们不想错过解放的日子。

德国人开始撤退，巴黎终于自由了，呼吸着新鲜的空气，波伏瓦在心里说，一切都结束了，一切又都开始了。

萨特的《存在与虚无》是在"二战"期间出版的，由于那时人们没有心情关注哲学，使得这本著作引起的反响并不大。

战争结束后，人们平静了下来，开始注重精神生活，对新的思想观念开始产生好奇，于是发现了这本《存在与虚无》，大家如获至宝，开始重新估量它的价值。波伏瓦的《皮洛士与齐纳斯》出版后也广受好评，一时间，存在主义风靡法国，萨特和波伏瓦名声大噪。

战争期间，萨特曾告诉波伏瓦，和平一旦恢复，他将会投身政治。加缪也在《战斗报》上撰文说："政治不再与个人分离，它是一个人向其他人在直接演讲。"1945 年 1 月，美国国务院邀请八位法国反抗派记者去美国，报道其在"二战"中的贡献，加缪推荐了萨特。

2 月 27 日，波伏瓦则登上了去葡萄牙的火车。受到在葡萄牙法国学院任职的妹夫奥内尔的邀请，她要去葡萄牙就沦陷时期的法国做一些讲座。此外，加缪还委托她为《战斗报》撰写一些关于西班牙和葡萄牙的系列报道。波伏瓦已经有 6 年没有踏出过国门了，距上一次去西班牙已经有 15 年的时间了。

在边境线等待了一个小时，栅栏才被打开，波伏瓦拎着手提箱，步行穿过两公里的"无人居住区"，到伊伦坐车。一位妇女在路边卖橙子、香蕉、巧克力，波伏瓦喉咙发紧发干，很想吃点儿什么。战后，法国的一切物资都短缺得厉害，令她疑惑不解的是，这些食物距离法国边境这么近，法国怎么就没有呢？

坐上火车不久，波伏瓦睡着了，醒来后发现已经到了西班牙。她又看到了埃斯库里亚尔河，它与15年前一样，在那里静静地流淌着。波伏瓦感觉自己老了，从前，看到一些年代久远的石头，她毫不惊奇，现在，那些上百年的石头则让她困惑不已。唯一让她感到正常的，是内战中变成废墟的村庄和马德里郊区摇摇欲坠的房屋。波伏瓦走了很多地方，把她看到和听到的都一一记录下来，然后登上了去葡萄牙的列车。

在里斯本的站台上，波伏瓦见到了埃莱娜和奥内尔。埃莱娜看到波伏瓦衣着寒酸，感到很惊讶，便把她领到商店里，用一个下午的时间，帮她购置了一些行头：三双皮鞋、一只手袋、几双长筒袜、几件内衣、几件套头衫、几条长裙、几条短裙、几件衬衫、一件白羊毛上衣、一件裘服。波伏瓦在葡萄牙待了5个星期，返回巴黎时，她带回了50公斤重的食物。后来，她得意地将它们分送给周围的人。套头衫和围巾送给了奥尔加、万达和丽丝等女性朋友，一些花里胡哨的衬衫则送给了博斯特和加缪等人。

通讯报道的任务完成后，波伏瓦又开始写小说。春天到了，这是巴黎战后迎来的第一个和平之春。梅洛－庞蒂从伦敦回来了，《现代》杂志正式创刊后，他被邀请担任了编委。波伏瓦与他一起在森林中漫步，他们之间的间隙经过漫长的时间的洗刷，已经自行消散了。

9月，《他人的血》出版了，令波伏瓦没有想到的是，这本书带来的反响比《女宾》更大，因为书的内容写的是抵抗运动，有人称其为"抵抗运动小说"，也有人称其为"存在主义小说"。

"存在主义"最初是由布里埃尔·马塞尔提出来的，萨特不喜欢硬塞给他的这个标签，他说："我的哲学是一种关于存在的哲学，存在主义，我不知道这是什么。"波伏瓦和萨特一样，对这个标签也很恼火，因为她的小说在这个词出现之前就已经写出来了，这完全是她自己的人生体验，不是根据什么理论体系来写的。但他们的抗议徒劳无用，最后，他们只好被迫接受了这个用来专指他们的标签。

这一年，无论是文学还是哲学，波伏瓦和萨特都抵达了人生的巅峰。波伏瓦把这一年称为由他们发起的一场"存在主义攻势"。"在我的那本小说出版之后的那几个星期里，《自由之路》的第一、二卷和《现代》的头几期也发表了。萨特作了一个题为《存在主义是一种人道主义吗？》的讲座，而我在'现代俱乐部'也就小说和形而上问题做了一个讲座。《吃闲饭的嘴》上演了，因此而引发的骚动令我们大吃一惊。突然之间，如同人们在一些小说中所读到的场景和画面突破了框架占据了大银幕一样，我的生活也冲破了旧有的界限，我被推到公众的视线中来。我本人没多大名声，但是人们把我的名字与被人强拉进名人之列的萨特联系在了一起，报纸上每个星期都在谈论我们。《战斗报》热情洋溢地在评论我们所写的和所说的所有一切。埃尔巴所创建的《人类的地球》周刊只生存了几个月，但是，它的每一期上都刊登着有关我们的大量的友好的或不无调侃的文章。到处都有关于我们的作品和我们本身的一些反响。在大街上，摄影师们的镜头对准我们一个劲儿地拍摄，有些人还凑上前来与我们聊上几句。在萨特的那次演讲会上，人们蜂拥而至，大厅都容纳不下了：人们拼命地挤攘，有一些妇女当场晕了过去。"①

　　随着"存在主义"的盛行，萨特的所有书籍都受到了大众的追捧，《恶心》更是被翻译成十二国文字。毫无疑问，他成了一位世界性作家，但萨特的生活习惯却没有因此而改变。他仍住在旅馆里，每天去咖啡馆，穿着也如往常一样随便。他的坦然率真为他赢得了不少朋友，但也招来了一些非议。

　　1944 年秋天，一些思想正统的人开始在一些媒体和课堂上

---

① ［法］西蒙娜·德·波伏瓦著. 波伏瓦回忆录 [M]. 罗国林，译. 作家出版社，2012（3）：38.

攻击萨特,《十字架》杂志斥责存在主义是一种"比 18 世纪的理性主义和 19 世纪的实证主义更大的危险"。极右派也开始通过一些小册子和报纸,对萨特进行造谣中伤。有一天,在"花神"咖啡馆,有人找到波伏瓦,想让她谈谈萨特,说他要为刚刚创办的周刊《周末》写一篇关于萨特的文章,并说,无论波伏瓦谈与不谈,这篇文章他都非写不可。波伏瓦只好答应了,并向他提供了一些情况。没想到几天后,一桶脏水泼向了萨特,说他的哲学肮脏卑劣,道德和生理方面充满污秽和脏垢。对于这些恶意污蔑,波伏瓦和萨特都很生气,但他们知道,萨特背叛了自己的阶级,那个阶级对他气愤报复也是正常的。

与萨特比起来,波伏瓦的生活相对平静一些,她已经习惯了自己的作家身份,并认为"这就是我"。每次看到自己的名字出现在报刊上,她都很开心,并为自己能成为"巴黎名人"而得意过一阵子。但也有一些方面让她感到不悦。她不计较别人说她是"伟大的女萨特"或者"萨特的圣母",但一些男性把她看作一个放荡不羁、下流卑鄙的女存在主义者,着实让她接受不了。

波伏瓦在回忆录里对此写道:"我憎恶他们乱嚼舌头以满足自己的好奇心。不过,在那个时刻,他们的心怀叵测并没有伤及我什么,而且,我充分地利用了他们给我加上的新的名声。我并未因此而大惊小怪。我觉得祖国的解放使世界发生了变化，也改变了我的生活，这是极其正常的。我也没把我的所谓名声无限扩大，因为它与萨特的名声相比，真的是小巫见大巫了。"[1]

1945年10月，波伏瓦和萨特合办的期刊开始发行，受查理·卓别林1936年的戏剧电影《摩登时代》的启发，他们给杂志命名为"现代"，主要刊登文学、哲学和政治。在当时的法国，马克思主义和基督教两种声音成为主流，《现代》成了这两种声音中间的"第三种声音"，其独到的见解和新颖的观点，很快受到了法国民众的欢迎。《现代》逐渐成了知识分子关心时政、参与社会的一块阵地。

---

[1] ［法］西蒙娜·德·波伏瓦著.波伏瓦回忆录[M].罗国林，译.作家出版社，2012（3）：45-46.

第三节　美国情人（一）

1947 年 1 月 25 日，波伏瓦怀着激动的心情登上了去纽约的飞机。在法国超现实主义诗人苏波尔的安排下，她要在美国各大学开展为期 4 个月的战后巡回讲座。波伏瓦很高兴，在她的心目中，美国是一片神奇的国土，无论是好莱坞电影，还是小说，对她都有着很强的吸引力。这次美国之行，她还有一个目的，就是要去看一看萨特在美国新邂逅的情人多洛雷丝·瓦内蒂。

在回忆录里，波伏瓦称多洛雷丝·瓦内蒂为"M"，她写道："萨特从美国归来之后，跟我大谈特谈 M。现在，他们的关系已经十分融洽，不分彼此，并且打算每年在一起待三四个月。这样倒也挺好，与萨特分开时，我也就用不着惊恐万状了。但是，看到他每每谈起在纽约与 M 一起度过的那几个星期时兴奋的样子，我心里总不免担忧。"①

显然，"M"的出现，给波伏瓦带来了很大的困扰，到纽约的第二天，即 1 月 27 日，波伏瓦就迫不及待地去找瓦内蒂，两个情敌终于在一个酒吧里见面了。关于见面的场景，波伏瓦在回忆录里只简单地提了一下，说她见到了 M，她正准备动身去巴黎，还说她笑起来很甜，果真像萨特所说的那样楚楚动人。但在给萨特的信中，她披露了两人相见的一些细节，说她见到瓦内蒂的感觉就像她猜测的那样，她很喜欢她，也很愉快，为萨特能够赢得这样的感情而自豪，而她没有任何不舒服的感觉。波伏瓦说这些话可能不是完全出自真心，但有一点很重要，她能理解萨特，这么说也是对萨特的尊重，是得体的。按照波伏瓦信中的描述，瓦内蒂见到她似乎有些紧张，一杯接一杯地喝威士忌，不停地说话，表情有些呆板。从这些描述来看，瓦内蒂见到波伏瓦是很不自然的，她的热情和健谈只是在掩饰内心的紧张。或许从这时候起，她就已经把波伏瓦视为应该认真对付的情敌了。

---

① [法]西蒙娜·德·波伏瓦著. 波伏瓦回忆录 [M]. 罗国林，译. 作家出版社，2012（3）：66.

刚到纽约的前几天晚上，波伏瓦总做噩梦，她不知道迎接自己的到底是幸运还是不幸。后来，工作越来越繁忙，她认识了几个朋友，才逐渐从这种恐惧的心理中走出来。

一天，她在新结识的朋友内利·本森家吃晚饭，当内利·本森听说她要去芝加哥讲学时，高兴地给了她一个电话号码，说道："您去芝加哥时，代我向阿尔格伦问好，他很了不起，是我的一个好朋友。"几天后，波伏瓦拨通了阿尔格伦的电话，因为她说的英语有浓重的法国口音，对方听不清楚，几次都把电话挂了。

波伏瓦决定找接线员帮忙，这一次阿尔格伦听懂了，他们约定在一家酒店门口见面。为了让阿尔格伦能认出她来，波伏瓦还在手臂里夹了一本《党派评论》。波伏瓦到得稍早一些，阿尔格伦没有直接与她会面，而是先偷偷地在一旁观察了她一会儿，见她一连四次起身走到门前，然后又坐回座位，这才走进酒吧，热情地与波伏瓦打招呼。这是他们的第一次见面。

阿尔格伦比波伏瓦小1岁，他相貌堂堂、身材高大，整个人看起来很精神。两人互相打量着对方，都感觉有些尴尬，因为他们不知道接下来该聊些什么。想到波伏瓦是法国人，阿尔格伦便开始讲他经历过的战争，波伏瓦听得似乎饶有趣味，后来她承认其实她一句都没听懂。阿尔格伦也一样，他看着波伏瓦"口若悬河，滔滔不绝，说话有力"，也不明白她在说些什么。但奇怪的是，两人第一次约会虽然沟通不畅，但互相都很有好感。后来，波伏瓦想了解一下美国底层人民的生活，阿尔格伦便带她去了芝加哥的贫民区，还一起去了波兰人居住区的几家酒吧。

阿尔格伦住在波兰人居住区的一间陋室里，里面没有浴室，也没有冰箱，门前是一条堆满垃圾、臭气熏天的小路，路上到处是丢弃的废旧报纸。"二战"期间，波伏瓦的居住环境也不比这个好多少，所以她不但没有歧视，还感到很亲切。他们的沟通在相互理解中渐渐通畅，彼此都把对方当成了好朋友。

波伏瓦在芝加哥的时间只有一天半，她必须走了。在开往洛杉矶的火车上，她读了阿尔格伦的小说，并给他写了一封信，这是他们来往 300 多封信中的第 1 封，时间是 1947 年 2 月 23 日，她写道："无论是再见或永别，我不会忘记在芝加哥的这两天，我是想说我不会忘记你。"①

写完那封信后，波伏瓦和阿尔格伦没有再联系。又过了两个多月，5 月初，波伏瓦在美国的讲学进入尾声，就在她兴冲冲地为返回巴黎作准备时，突然收到萨特的来信，让她晚些回

---

① ［法］西蒙娜·德·波伏瓦著. 越洋情书 [M]. 楼小燕、高凌瀚，译. 中国书籍出版社，1999：2.

去，原因是瓦内蒂还要在巴黎待上 10 天。波伏瓦的心情瞬间冷却下来，她想起了那位纽约朋友，便给阿尔格伦打电话，问他道："您能不能来我这儿呀？"最终，她与阿尔格伦相约在芝加哥的机场见。

这一见，波伏瓦和阿尔格伦成了情人。波伏瓦在芝加哥待了三天，分别时两人已难分难舍。波伏瓦说服阿尔格伦跟她一道回了纽约。白天，波伏瓦在外面跑来跑去，忙自己的事，下午 5 点左右回到他们的房间，两人一直厮守到翌日早上。

这一爱情事件其实是由萨特促成的，波伏瓦在她回忆录的最终卷《清算已毕》中写道："尽管我们彼此投缘，如果萨特没有让我在美国多待一阵儿，我很可能不会再见阿尔格伦。尽管如此，如果我当时不是很有心情谈个恋爱，我们之间还是什么都不会发生，我也就不会给他打电话，接受他的邀约去芝加哥。再说，我确实想跟他发生点什么：我们情投意合，彼此中意，都觉得对方符合自己的期许。"①

这一次，他们在一起待了半个月，波伏瓦要回巴黎了，分别时，她对阿尔格伦说："我们还会再见面的。"

---

① ［法］西蒙娜·德·波伏瓦著.清算已毕（波伏瓦回忆录最终卷）[M].台学青，译.海天出版社，2021：22.

第四节 美国情人（二）

波伏瓦回到巴黎，与她料想的一样，瓦内蒂还没有走，她不愿意离开萨特，甚至直言不讳地说："我这次来，决心已定，无论如何要让你把我留下不可。"萨特没有同意她留下，因为瓦内蒂一旦定居巴黎，就得舍弃在美国的一切：工作、朋友和所习惯的生活。做出这么大的牺牲，她肯定要萨特给予补偿，即独占萨特，这是萨特无法做到的。

瓦内蒂再次推迟归期到 7 月份，由此可以看出，作为一个情场上的女人，瓦内蒂绝非善类，在美国同波伏瓦周旋之际，其实已经怀有敌意。为了避免冲突，萨特让瓦内蒂仍然住在他那里，他在远离市区的一个小旅馆里租下房子，和波伏瓦住在那里，只在每周固定的几个晚上，进城同瓦内蒂待在一起。

可瓦内蒂不喜欢这样的生活方式，她经常在夜里给萨特打电话，抱怨萨特丢下了自己。其实，在他们相见之初，萨特就把他和波伏瓦的关系告诉了她。但瓦内蒂认为，只要他们相爱，一切障碍都会被清除，萨特最终会回到她身边。当她发现情况和预期的不一样时，她恼怒异常。

其实这个时候最痛苦的是波伏瓦，无论是萨特还是阿尔格伦，她都看不到希望。她在放弃与坚持中反复琢磨、纠结，精神都快要崩溃了。

到了7月份，瓦内蒂终于走了，临走时她还在抱怨萨特给她带来的痛苦。后来她来信说，以后要么不来，要么来了就永远不走了。

1947年9月9日，波伏瓦又登上了去美国的飞机，这是她早就决定了的事。去之前，波伏瓦先发电报询问阿尔格伦，是否同意她去，阿尔格伦同意了。这一次，波伏瓦在芝加哥逗留了两周，他们像以前一样，度过了一段幸福的时光。唯一有点儿不痛快的是，其间，阿尔格伦问波伏瓦能否与他厮守终生，波伏瓦告诉他，这是不可能的。为了安慰阿尔格伦，回到巴黎后，波伏瓦马上给他写了一封信，她说："我可以放弃旅行和各种娱乐，我可以放弃旅行和巴黎的甜美，永远和你在一起。但是我不能仅仅为幸福和爱情而活着，我不能放弃这个对我写作和工作唯一有意义的地方。"①

1948年5月，波伏瓦第三次赴美与阿尔格伦会面。这一次她将在美国待4个月，因为瓦内蒂已经答应萨特，在波伏瓦去美国时，她来巴黎住4个月。不料就在波伏瓦出发前几天，瓦内蒂变了卦，她给萨特写信说，在目前的状况下，她是不会来见他的。

波伏瓦进退两难，正因为瓦内蒂要来，她才决定在美国待那么长时间，并且已经告诉了阿尔格伦。现在情况发生了变化，她不愿失去与萨特在一起的时间，毕竟她同阿尔格伦只在一起待过3周，而与萨特已经在一起生活了18年，他们的关系是无法用一两句话来衡量的。于是，她想了一个折中的办法，前两个月去美国陪阿尔格伦，后两个月回巴黎陪萨特。但是，她不敢把这个新安排事先告诉阿尔格伦，想到时候再说。

一开始，他们见面是很愉快的，两人按照计划去各地旅行，像度蜜月一样，在大自然中享受着情与爱。但到最后，当波伏瓦告诉阿尔格伦，她将在7月14日前返回巴黎时，阿尔格伦开始对她冷淡了，看她的目光甚至有了些敌意。回到芝加

①［法］西蒙娜·德·波伏瓦著.越洋情书［M］.楼小燕、高凌瀚译.中国书籍出版社，1999：70.

哥后，波伏瓦问阿尔格伦：“你不像以前那样在意我了吗？”阿尔格伦答：“是啊，情况不一样了。”波伏瓦非常伤心，这天晚上，波伏瓦倚在窗前，望着寂静的星空，哭了整整一夜。第二天，他们吃过饭，在咖啡馆里听爵士乐，波伏瓦看阿尔格伦还在赌气，便对他说：“我明天就可以走。”他们争执起来，阿尔格伦突然激动地说：“我已经准备好了，现在就想娶你。”

波伏瓦的眼泪涌了出来，她这才明白，阿尔格伦不是不爱她，而是想实实在在地拥有她，而这恰恰是波伏瓦做不到的。

波伏瓦心里很清楚，即使没有萨特，她也不会长期定居在芝加哥，因为她写作的根在巴黎。阿尔格伦也一样，为了写作，他也无法离开已经熟悉的环境。此外，他们两个人还有一个很大的不同，波伏瓦懂英语，她知道美国的文学和历史，为了了解阿尔格伦，她不仅读过他喜欢的书，还看过他写的所有作品。跟他在一起，波伏瓦会忘掉自我，进入他的世界。而阿尔格伦只读过波伏瓦的几篇文章，他拒绝学法语，对她的一切几乎一无所知。更让她纠结的是，每次分别，她都不知道阿尔格伦还会不会再见她，他们的关系处在一种漂浮不定的状态中。

回到巴黎后不久，波伏瓦的《美国纪行》就出版了，于是她便和萨特打算 7 月底一起去度假。就在这时，瓦内蒂打来电话，说她忍受不了和萨特的长期分离，想来巴黎陪他1个月。电话里瓦内蒂的抽泣打动了萨特，他只好改变计划，同意了她的要求。

波伏瓦正为缩短了在美国的行程而感到遗憾，她给阿尔格伦拍了一封电报，提出想再去芝加哥。"不行，我太忙了。"阿尔格伦回复说。波伏瓦难过极了，她知道"太忙"是一种借口，阿尔格伦已经不想再见她了。

初冬时节，波伏瓦收到阿尔格伦的一封信，说他认识了一位年轻女子，想与她结婚，可是没过多久他们断交了。他还在信中说，他不是不爱波伏瓦，而是他们相距太远了。"手臂再温暖，当它远在大洋彼岸的时候，就不再是温暖的了。"

波伏瓦不知该怎么回复，她理解阿尔格伦，也希望他能找到一位如意的伴侣，可是他们的关系怎么办呢？波伏瓦自己也不知道。

阿尔格伦想来巴黎看看，波伏瓦表示欢迎。1949年6月，阿尔格伦来到了巴黎，波伏瓦迎接了他，并把他介绍给她所有的朋友，包括萨特。由于语言不通，萨特和阿尔格伦交流有些困难，但相处还算融洽。萨特对待情人的情人都很友好，几乎个个是他的朋友，至少彼此不怀敌意，这也是他处理男女关系的一个特点。

波伏瓦带阿尔格伦周游巴黎，后来他们又一道去了意大利、突尼斯、阿尔及利亚等国家。这次旅行，他们玩得很愉快，相处得也挺好。波伏瓦还收到了阿尔格伦的邀请，让她明年再去美国。

就在波伏瓦带着阿尔格伦旅行时，萨特也正带着瓦内蒂在外度假，然而，他们的关系却不像原来那样和谐了，原因是瓦内蒂不顾萨特的反对，执意要来巴黎定居，二人吵得不可开交，最后以分手而告终。

阿尔格伦回到美国后，迎接他的是一个好消息，他的一部小说获得了普利策奖。不久，他便用奖金在密歇根湖畔购置了一套房子。波伏瓦为他感到高兴，对明年的重逢又多了一份期待。但让她没有想到的是，1950年7月的美国之行，对她来说，却是一次伤心之旅。阿尔格伦明确告诉波伏瓦，他已经不再爱她了，"不过，我们还可以过一个美妙的夏天"。

阿尔格伦的话让波伏瓦感到意外，但也在意料之中，她在心里说："这一天终于来了。"波伏瓦本可以马上回巴黎，但她没有那么做，她想弄明白阿尔格伦话的真实含义。后来她终于知道了，几个月前，阿尔格伦在好莱坞见了他前妻，他想与她复婚。复婚就复婚吧，波伏瓦想，失望早就让她心灰意冷了。

回到巴黎后，波伏瓦与阿尔格伦很少再联系，即使有通信，内容也很少。在圣特洛佩兹时，波伏瓦又收到他一封信，阿尔格伦邀请波伏瓦明年 10 月在米勒相聚。波伏瓦内心矛盾，她向萨特征询意见，萨特说："去，为什么不去？"

和以往不同的是，这次见面，波伏瓦内心很平静，因为不期盼得到什么，所以也就不用担心失去什么。波伏瓦和阿尔格伦像老朋友一样促膝谈心，徘徊在他们熟悉的景物中。阿尔格伦就要和前妻复婚了，除了替朋友高兴，波伏瓦还有些遗憾，连她自己也不知道遗憾的是什么，是那个人，那片景，还是她自己？

分别的时候到了，他们都希望告别尽量简单一些，为了消除尴尬，波伏瓦说："我在这里过得很愉快，至少我们之间的友谊还在。"阿尔格伦粗暴地打断了她："这不是友谊，我给你的从来都是爱情。"这句话让平静了几周的波伏瓦瞬间破防，返程的路上，她泪如雨下，忍不住给阿尔格伦写了一条短笺："是不是一切都结束了？"

阿尔格伦在回信中说："一个人可以对另一个人保持着感情，但不能让这种感情控制并干扰其全部生活。如果一个人爱上一个不属于你的女人，她把其他事、其他人都置于你之上，而你又永远成不了她的唯一，这是无法接受的事。我对我们俩在一起的那所有的时刻都不遗憾。但是，我现在希望有另一种生活，有一个属于我的妻子和房子……"①

阿尔格伦复婚了，但没过多久，夫妻感情又变成了老样子。他和波伏瓦的通信一直没有中断。1953年，他准备去巴黎，但因为历史问题被拒签。1960年3月，阿尔格伦第二次来到巴黎，这次相见，两人感慨万千，他们都感觉对方老了。尽管分离很久，尽管在美国有过两次不愉快的回忆，他们还是感觉两人心心相印，就像热恋时那样。他们再次携手旅行，在一起度过了5个月的时光，在这5个月里，他们没有产生任何分歧。告别的时候，波伏瓦很平静，只是想到自己的年龄时，有些感慨和伤感。这是波伏瓦和阿尔格伦的最后一次见面。

他们的通信截止到1964年11月，在信的结尾处，波伏瓦告诉阿尔格伦，明年5月她将赴美，并且告诉阿尔格伦，她的回忆录第三卷将在美国出版。然而，正是这本书让他们的关系破裂，因为波伏瓦在书里描写了他们的爱情，暴露了他们的隐私。阿尔格伦很看重这个。

1981年，一位记者采访阿尔格伦，当涉及爱情话题时，他回忆起往事，怒火又被勾了起来。他说波伏瓦不尊重个人隐私，是个可怕的女人。"你知道吗？我们来往信件的一半已经

① ［法］西蒙娜·德·波伏瓦著.波伏瓦回忆录［M］.罗国林，译.作家出版社，2012（3）：244.

被她商业化了。"他越说怒火越大，记者知道他已经72岁高龄，又有心脏病，试图转移话题，但没有成功，记者害怕了，当阿尔格伦愤怒地敲击那个装有波伏瓦信件的铁箱子时，他悄悄地走了。

这次采访的第二天，原本是阿尔格伦为庆祝新书出版而在家里举行记者招待会的日子，但当第一位客人推门进来时，发现阿尔格伦躺在地板上。他死了，死于心脏病发作。5年后，波伏瓦也逝去了，她的手上始终戴着一枚戒指，那是他们第一次在芝加哥见面时，阿尔格伦送她的礼物。

第五节 "第二性"

无论是面对战争还是感情上的波折，波伏瓦从来没有停止过写作。1946年，《人都是要死的》出版后，波伏瓦在创作上有过一段迷茫期，她很想写点儿东西，但不知道该写些什么。她很想写写她自己，只是不知道该如何动笔。一天，她与萨特讨论后，心中突然冒出一个问题：做一个女人有什么意义？

后来她渐渐发现，这个世界是以男人为主导的。从小到大，她所接受的教育，被灌输的理念，都是男人制造的神话，女人似乎永远只能处于从属地位。女性为什么不能像男人一样也去创造自己的神话呢？波伏瓦对这个问题产生了浓厚的兴趣，她决定不再剖析自己，而是写一本关于女性的书。

女性话题是一个非常庞大、复杂而又敏感的话题，为了全面而深入地了解，波伏瓦阅读了大量心理学和历史方面的书籍，她并没有局限于摘抄，而是力图从他人的叙述中找寻事情的真相。读历史时，她又发现了一些以前从未见到过的新颖的观点，这些观点改变了她的一些固有看法，她开始用一种新的眼光去审视自己和周围的女性，竟然有了许多意想不到的发现。她知道男人和女人之间存在着差异，她不想否认这一点，而是在撰写的过程中，力图揭示那些差异是如何产生的。她认为导致差异产生的主要原因是文化，而不是性别。

三年过去了，1949 年 5 月，波伏瓦写完了《女人的神话》第一卷，她从中挑选了"女性荷尔蒙""同性恋女人"和"母性"三章在《现代》上连载，没想到反响不错，那几期的杂志很快被抢购一空。

书写完了，还没有书名，看波伏瓦愁眉不展，萨特赶紧帮着出主意。《阿里乌斯教徒》《梅留辛》这类书名波伏瓦觉得不合适，因为她不相信神话；《另类》《第二类》也不尽如人意，而且这种书名市面上已经有了。

一天，波伏瓦、萨特和博斯特又在一起冥思苦想，波伏瓦突然眼睛一亮："叫'另一性'怎么样？"

"不行。"博斯特摇摇头。

"'第二性'呢？"波伏瓦又问。

大家交换了一下眼神，都认为这个书名比较合适。就这样，波伏瓦一生中的重要著作《第二性》诞生了。

书名确定后，波伏瓦把第一卷书稿交给伽利玛出版社，马上又开始了第二卷的书写。她越写越顺，1949 年 10 月，第二卷也完稿了。从 1946 年 10 月动笔，到 1949 年 10 月，这套长达七十万字的大部头，从构思、写作到完稿，看似历经三年，其实真正的写作时间只有 14 个月。因为波伏瓦曾到美国讲学 4 个月，又用 6 个月的时间写成了《美国纪行》。而这期间，正是她与阿尔格伦跨国恋的高潮，为此，她曾三次赴美，感情的起伏和心灵的挣扎对写作应该也有一定的影响。

好在，这部凝聚着波伏瓦心血的书稿终于完成了。第一卷的发行时间是 1949 年 6 月，在书里，波伏瓦宣称"生物学不是命运"，婚姻和生育也不是。这本书一经问世，便引起轰动，仅第一周就卖出 22000 本。

第二卷于 5 个月后发行，这本书里有一句后来流传很广的话："女人不是天生的，而是后天成为的。"波伏瓦认为，每个女人的经历都是一种成为的过程，她在书里展示女性对她们生活经历的描述，展示她们在生命历程中被他人物化的过程。作为一个开放的人，波伏瓦承认，她也仍然处在成为自己、试图理解自己经历的过程中。但她在书中对女性性行为的坦诚态度却引起了非议。有人说她"胆大"，也有人说："你会失去很多朋友。"的确，加缪就很不理解，说波伏瓦在书里把法国男子描写得滑稽可笑。他向波伏瓦承认，自己不喜欢被一个女人审视和评判，在他眼中，女人是客体，他则是评判的主体。

波伏瓦少年时曾膜拜过的作家、1952 年的诺贝尔文学奖得主莫里亚克给《现代》杂志写信说："你们女主人的阴道对我来说不是秘密。"莫里亚克的言论大出波伏瓦之所料，后来，这句话在《现代》杂志上被刊登出来，莫里亚克紧张了，他赶紧在报纸上撰文，要求青年们谴责淫秽文字，特别是波伏瓦的东西。一时间，署名的和匿名的口头语、书信体、讽刺文、忠告和劝诫不计其数，都朝《现代》飞来。一些署名为"男性积极分子"的信件更加污秽不堪，说什么的都有：性欲旺盛、性冷淡、女同性恋，还有人说波伏瓦打过上百次胎，是阳具崇拜者、好色女人等，气得波伏瓦把那些信通通撕了。

最初的反对声浪过后，人们开始慢慢觉醒，把注意力集中到书的内容上，有一些作家和学者专门就《第二性》举行讲座，掀起了一个公开讨论的热潮。渐渐的，人们对这套书有了新的认识，认可波伏瓦的人多了起来，她开始收到大量友好的读者的来信，向她表示感谢，称从她的书中汲取了力量，获得了拯救。

1953 年,《第二性》被译成英文在美国出版。问世后,又一次引起轰动,人们把这本书誉为女性的"圣经",说它是"有史以来,最健全、最理智、最充满智慧的一本书"。后来,又被译成了德语、西班牙语、丹麦语、波兰语、葡萄牙语等 17 种文字,波伏瓦成了那一时期世界上拥有读者最多的一名女性作家。

波伏瓦自己也比较喜欢这本书,这是她摆脱萨特的阴影,在萨特从未涉及的领域里自己独创的一本书。虽然它受到过很多质疑和诋毁,甚至有国家一度把其列为禁书,但波伏瓦从来不曾后悔过。她说:"由于误解、曲解,该书造成了人们思想的混乱。但是,话说回来,这本书也许是我所有的书中给我带来最大满足的一本书了。如果有人问我今天我是怎么评价它的,我会毫不犹豫地回答说:我仍旧坚持自己的观点。"①

1984 年,《第二性》被拍成四集电视剧在法国公映,波伏瓦也被邀请参加了拍摄,并接受法国总统密特朗的会见,获得了"法国和全世界最杰出的作家"的赞誉。

---

① [法]西蒙娜·德·波伏瓦著.波伏瓦回忆录 [M].罗国林,译.作家出版社,2012(3):187.

第六章

桑榆暮景

　　和朗兹曼分手那年，波伏瓦就意识到自己老了，但时光依然在不停地流逝。

第一节　名士风流

《第二性》出版后，波伏瓦常常回顾过去，在总结自己的创作时，她惊惶地发现，自己似乎正在走下坡路：1943 年到 1945 年取得的成功最令她满意，但随着岁月的流逝，《女宾》的辉煌早已成为过去。后来的《他人的血》波动不大，《人都是要死的》几乎没有什么影响。《第二性》虽然受到了一定的关注，但众说纷纭。波伏瓦不满足于这些，她想获得一种新的成功。

写完女性话题，波伏瓦的目光又瞄准了知识分子，这是和她的生活密切相关的一个阶层，也是她最熟知的一个群体。对于这个群体，她有着一种特殊的爱，他们的一言一行和喜怒哀乐她都太过熟悉，于是她决定用手中的笔，为这个特殊的群体、也为自己写一本书。

波伏瓦把刚刚过去的岁月当作新小说的背景，她要用手中的笔，把"二战"和战后法国知识分子的痛苦、迷茫、挣扎、选择和希望都描述出来。有了计划后，波伏瓦立刻全力以赴，她在书桌前一坐就是六七个小时，除了长途旅行和一些特殊事件，她几乎每天都在写作。对于她来说，写作已经成为一种信仰和习惯，一天不拿笔，就感觉浑身不舒服，心情也会受影响。

在挪威旅行时，波伏瓦完成了小说的第一稿，她照例先让萨特过目。"这是一部好作品。"萨特肯定地说，但同时也指出了作品里的一些缺陷，告诉她还要大加润色。萨特的鼓励和批评对波伏瓦特别重要，他的鞭策是她克服困难继续创作的动力。1952 年秋末，波伏瓦把修改完的第二稿又拿给萨特看，他依然指出了很多瑕疵。波伏瓦有些灰心："干脆不去弄它了。""还得写下去。"萨特劝慰她。

后来，在萨特和朋友们的鼓励下，波伏瓦又开始了长达一年的文字之旅。这期间，不断有人询问她："您不再写了吗？"还有人挖苦她，说她迟迟没有新作是因为江郎才尽。对于这些质疑，波伏瓦从不作解释，但内心充满了焦虑与不安。

克服了重重困难，历时 4 年，波伏瓦终于完成了这部作品。波伏瓦想给它取一个合适的名字。刚开始写时，她给这部小说取名《幸存的人们》，经历了残酷的战争，人们能生存下来很不容易，但小说写完后，她又改变了主意。萨特建议叫《格里奥特们》，格里奥特通常指身兼巫师、乐师和诗人的非洲黑人，他们令人尊敬、害怕却又不屑，波伏瓦和萨特常自嘲地把自己比作他们。但这个名字有点生涩，波伏瓦依然不太满意。后来，朗兹曼给出了建议："何不干脆就叫'名士风流'呢？"他一锤定音。不久，波伏瓦就把书稿交给了伽利玛出版社。

书稿交出后，波伏瓦忐忑不安，她盼着这本书早一天在书店里出现，但又害怕看到它的问世。《第二性》已经给她上了一课，那些嘲弄和诋毁犹在耳畔，她担心《名士风流》重蹈覆辙。在这本书里，她写了不少自我的东西，一想到那些挑剔或敌意的目光在书页间游移，她的脸颊就会阵阵发烫。

1954 年 10 月，《名士风流》终于正式出版发行，这时的波伏瓦正在外旅行。有一天晚上，她走进格勒诺布尔的一家旅馆，发现前台柜台上有一张《巴黎新闻》报，她拿起翻了翻，忽然看到一篇关于《名士风流》的评论。波伏瓦心跳加速。火速浏览完全文后，她非常惊讶，作者非但没有对这本书提出诟病，还大加称赞和肯定。第二天一早，波伏瓦给萨特打电话，把这个消息告诉了他。萨特说，《法兰西文学》上也刊登了一篇书讯，对《名士风流》的评价也很高。波伏瓦有些疑惑：难道大家都喜欢这本书？

事实证明了她的推测，新书问世后，除了极少数社会党人和一些极右翼分子发表了攻击言论，资产阶级评论家、共产党人、左派人士都对这本书给予了赞许。

《名士风流》成功了，第一个月就售出4万本，波伏瓦放心了，脸上开始绽放出笑容。更令她意外的是，有人告诉她这本书可能会获得龚古尔奖。波伏瓦听后既欣喜又惊讶，她知道，如果获得了这个奖，不但读者会大大增多，还能领取一笔可观的稿酬。她和萨特签订爱情协议后，虽然不在一起住，但钱都是放在一起用的，波伏瓦想为二人的钱袋做出点儿自己的贡献，而且她租住的房子有些漏雨，如果获了奖，她就可以为自己买一套公寓了。

有人告诉波伏瓦，根据预评会上的讨论，她获奖的可能性很大。波伏瓦不想太高调，为了躲避记者，她去了一个朋友的住处。12月6日，是揭晓获奖名单的日子，整个上午波伏瓦都坐立不安。中午12点，她从收音机里听到了自己获胜的消息，《名士风流》以7∶2的投票战胜了雷蒙·拉斯韦尔尼亚的《美好的时刻》，荣获龚古尔文学奖。此时，距离小说出版才两个月。

波伏瓦是龚古尔文学奖自 1903 年成立以来的第三位女性获得者。朋友们都为她感到高兴，在一起聚会庆祝，萨特送给她一件很合时宜的礼物：一本安德烈·比利 [1] 刚出版的关于龚古尔兄弟的书。

晚上，朋友们又为她举行了晚宴，参加的有萨特、奥尔加、博斯特、朗兹曼和另外两位朋友，一位是作家西皮翁，另一位是《人道报星期刊》的记者罗兰。波伏瓦已经事先告诉评委和加斯东·伽利玛，即使她有幸获奖，也不会露面，因为她觉得自己年岁大了，太显摆会让人反感。此外，《第二性》引发的攻击记忆犹新，灼痛未减，她担心再次受到伤害，因而拒绝接受采访。可记者们不甘心，他们坐在门前的台阶上就是不走，但令他们没有想到的是，被他们围着的那间听得见猫叫的房子，其实是博斯特的家。第二天，听说波伏瓦去了咖啡馆，几个记者尾随而去，看到他们的身影，波伏瓦悄悄地从后门溜走了。后来，她只接受了罗兰的专访，再次申明了对共产主义者没有敌意。一份从来不刊载小说的共产党杂志《新评论》月刊，刊登了一篇有关波伏瓦立场的长达 16 页的文章，文中唯

---

[1] 安德烈·比利（1882—1971），法国小说家，文学批评家。

一的照片是波伏瓦在母亲的工作室与母亲的合影。

获奖后，波伏瓦收到了大量读者来信，许多读者是冲着龚古尔奖的名头才买的书，波伏瓦为无法一一回复他们而感到愧疚。来信中，有一些是过去的同学和老师，他们向波伏瓦表示祝贺，好像她获得了某种高升似的。通过他们，波伏瓦又回想起了自己在德西尔学校的那些岁月，想起了鲁昂、马赛、巴黎大学还有她的童年。有许多不认识的人也给她写信，波伏瓦收到过一个精美的木雕像，是一位马尔加什人寄来的，原因是波伏瓦在书中提到了 1947 年的镇压事件。

获奖一个月后，波伏瓦的朋友科莱特·奥德里评论说，《名士风流》展现了"个人成长的创伤和集体体验的沉重"，波伏瓦很认同这个评价。但也有不少评论家认为这部小说有自传的成分，甚至说波伏瓦的创作是一种轻率和暴露。小说里的故事被当成真实事件，说明作者的写作技艺高超，波伏瓦是高兴的，但她希望人们能够"按照它本来的面目去读这本书"。她告诉大家，这本书既不是自传，也不是报告文学，而是一本有着真实背景的虚构小说，小说的灵感主要来自当时的环境和战后的时代，以及她认识的人和她自己的生活。

波伏瓦认为，把男主人公杜布勒伊和萨特等同起来是荒谬的，另一个主人公亨利更不是加缪。她唯一承认的，是书中的安娜有她的影子,她把自己的一些兴趣爱好、感情、思考和回忆倾注到了安娜的身上,借安娜的嘴说出她想说的话。而刘易斯,正是现实生活中的阿尔格伦。小说中,安娜与刘易斯的跨国之恋,正是她与阿尔格伦爱情的完美复刻和忠实的影像。对于波伏瓦来说,这段爱情是难忘的,她把它写进小说中,是一种最好的纪念。因此,她把这本获奖小说献给了阿尔格伦,表达了她深深的爱恋和怀念之情。

第二节　最后的情和爱

1951 年秋天，波伏瓦最后一次去美国看望阿尔格伦。此后，他们之间的书信往来日益减少，从几乎每天通信，减少到每周，再到每月才有通信。波伏瓦又一次埋葬了对芝加哥的回忆，她不再沉溺于他和阿尔格伦在一起时的那份幸福，也不再为失去爱情而痛苦。在波伏瓦看来，她的年纪和境况，已经不允许她再去寻找新的爱情了，无论心理上还是生理上，她都逐渐适应了这种生活状态，不再有任何需求。但是，在她的内心深处涌动着的某种东西，却在时时提醒她不愿屈服于这种冷漠。一想到"将永远不再被一个温暖的肉体搂抱着睡觉了"，她就很伤心，仿佛正在坠入死亡的深渊。

　　每个星期日,《现代》的编委们都会在萨特的住处碰头。最近杂志社加入了三位新成员,其中有一位 27 岁的小伙子叫克洛德·朗兹曼,是萨特秘书让·科的朋友。他长着一双迷人的蓝眼睛,人很机智,说话也很幽默风趣,波伏瓦很喜欢他,觉得他机智诙谐的谈吐跟萨特有些相像,"最激进的观点由他说出来,听着就很舒心"。

　　有一天,让·科告诉波伏瓦,说朗兹曼觉得她很迷人,波伏瓦觉得大家在开玩笑,但后来她发现朗兹曼在开会时老盯着她看。1952 年 7 月末,波伏瓦和萨特准备去意大利旅行两个月,朋友们举行派对为他们饯行,波伏瓦让博斯特把朗兹曼也请了过来。大家说说笑笑,聚会快乐而浪漫,一直到深夜才结束。

　　第二天早上,波伏瓦家的电话突然响了,原来是朗兹曼。他邀请她去看电影。波伏瓦有些意外,问他:"哪一部电影呀?"朗兹曼说:"随便什么电影都行。"波伏瓦那几天很忙,但她知道自己不能拒绝。于是,他们便约了个时间。挂了电话后,波伏瓦流下了眼泪。

　　第一次约会,他们从下午聊到了晚上,朗兹曼向波伏瓦表达了爱意,波伏瓦有些迟疑,她比他大 17 岁,他们不是同一个时代的人。但朗兹曼说他不在乎,因为在他眼里,波伏瓦不仅不老，而且还很有魅力。那天晚上，朗兹曼没有离开波伏瓦的房间，第二天也没有离开。

五天后，波伏瓦将离开巴黎，开始她与萨特的意大利之旅——她先开车前往米兰，萨特乘火车去那儿与她会合。当波伏瓦发动车子时，朗兹曼站在人行道边上，向她挥手告别。

波伏瓦去意大利旅行期间，朗兹曼去了以色列。10 月份，他们相继回到了巴黎，"我们又异常高兴地重逢了"。他们互相倾诉往事，毫无保留地向对方袒露自己。为了表明自己的身份，朗兹曼一开始就告诉波伏瓦，他是犹太人。朗兹曼对犹太人身份的思考，帮助波伏瓦加深了对犹太人的认识和理解。旅行之后，朗兹曼的生活有些拮据，波伏瓦便邀他和自己一起住。这是波伏瓦一生中唯一一次和情人住在一起，她素来喜欢清静，就是与萨特也是各住一处，但破天荒地决定与朗兹曼共享生活的苦乐。获得龚古尔奖后，她用奖金买了一套公寓，和朗兹曼高兴地搬了进去。

他们的生活安排有序，上午，两人同时写作。下午，波伏瓦与住在母亲家里的萨特一起工作。有了朗兹曼的陪伴，波伏瓦忘记了自己的年岁，烦恼、忧愁也一扫而光。前两年，世界风云变幻，波伏瓦与阿尔格伦的感情频遇挫折，身体也出现了异常；现在，所有的阴云都消散了，幸福终于又出现在她的眼前。波伏瓦沉浸在个人生活的快乐中。

有了朗兹曼，她不再热衷于社交，甚至连从小就欣赏的福克纳也不愿结识。当萨特与毕加索和卓别林一起吃晚饭时，她却选择与朗兹曼一起去看电影。

在精神上，萨特依然是波伏瓦的依托，但波伏瓦觉得他们不像以前那么近了。萨特人没有变，但他的成就改变了他的生活。由于介入政治，萨特变成了一个工作狂，除了写作、编刊物，他还担任了法苏友好协会副主席。波伏瓦对政治的疏淡，让她无法和萨特的步调保持一致，她非常怀念两人年轻时的那些时光，以至她经常对萨特说："您要是个无名的诗人多好。"

朗兹曼在波伏瓦心里的位置越来越重要。有一段时间，波伏瓦有些焦虑，她担心朗兹曼无法适应她与萨特之间的特殊关系，也担心她与萨特的"爱情协约"会受到影响。

波伏瓦跟以前一样喜爱旅行，在她的心目中，旅行是增长见识、消愁解闷的最好方式；朗兹曼阅历少，对外面的世界几乎没什么了解，所以他们俩的时间大部分都花在了或长或短的旅行上。

由于长时间拼命工作，不注意作息，萨特的身体越来越差，尤其是这一年，竟数次被送进医院。老友莱里斯也做了一个大手术，经过长期治疗后才死里逃生。波伏瓦感叹老之将至，自 1954 年起，死亡的阴影笼罩着她，一直挥之不去。

有一天，她同梅洛－庞蒂聊天，讨论谁会先离开这个世界。梅洛－庞蒂劝慰她，说他们还没有到那个地步，让她不要多想。然而，心理上的衰老可以战胜，生理上的衰老却无法抗争，波伏瓦渐渐接受了自己正在老去的事实，也接受了朗兹曼提出的分手的建议。

关于和朗兹曼分手这件事，波伏瓦说的并不多，在回忆录的最终卷她总结性地说："那时我正处于感情空窗期，想发生点什么：我喜欢朗兹曼，朗兹曼也喜欢我，这点儿喜欢自然而然发展成了更深的情感。由于年龄的差异和其他原因，这段感情几年后无疾而终，变成了深厚的友情。这件事的结局也是注定的。"①

波伏瓦很清楚，朗兹曼比她年轻，他们在一起的时间只会占去他生命中的一个短暂时期。因此，她认为他们的分手是正常的，甚至是双方都求之不得的事情。然而，一想到从此会分开，波伏瓦仍然感到依依不舍，朗兹曼也一样。但他们之间的年龄差距实在太大了，两人都对能否成功地挽回往昔没有把握。

---

① ［法］西蒙娜·德·波伏瓦著.清算已毕（波伏瓦回忆录最终卷）[M].台学青，译.海天出版社，2021：22.

就像波伏瓦在回忆录里说的那样，分手后，他们的爱情变成了深厚的友情，朗兹曼仍然在《现代》工作，他们给了彼此一些空间，开始重建一种不同的友谊。此后，他们的这种友谊一直保持着，直到波伏瓦去世。

第三节 感觉上当受骗了

1955 年，萨特应邀出席赫尔辛基世界和平运动大会。虽然波伏瓦对政治的兴趣没有萨特浓烈，但她希望与他走得近一些，像年轻时一样，能够"帮一些忙"。于是，她陪同萨特参加了这个大会。这次大会让她认识到，社会主义阵营已经成为世界的组成部分。

参与过一些活动后，波伏瓦渐渐对政治有了一些了解。"二战"后，共产党成为法国的第一大政党，虽然她和萨特都没有加入，但他们的政治主张与共产党非常贴近。波伏瓦很想去苏联看看，也希望对中国多一些了解，因为中国和苏联都是共产党领导的社会主义国家。令她意想不到的是，这一年的 6 月份，他们竟然接到了中国政府的邀请，有了一次访问中国的机会。

1955 年 9 月 6 日，波伏瓦和萨特乘坐的飞机在北京机场降落。虽然在来中国之前，波伏瓦已经做了些准备和了解，如读了贝尔登的中国报道和所有有关中国革命的法文版书籍，但踏上中国的土地后，她还是对这个国家感到陌生。他们会见了一些中国的作家，但只能通过这些作家作品的英文译本来对他们做些了解。同样，知道波伏瓦和萨特的，也只有少数几位研究法国文学的中国专家。在众多的旅行中，这种双方互不了解的交谈他们还是第一次遇到。然而，文学是相通的，他们在一块谈论艺术和美食，很快克服了交流上的阻碍。波伏瓦爱上了京剧，爱上了金秋时节北京的胡同以及它那洁净的秋夜。更令她欣喜不已的是，周恩来亲自接见了他们，并在 10 月 1 日那天，请他们登上了北京天安门的观礼台。

波伏瓦和萨特在北京住了一个月，然后开始周游全国。走在北京、上海和沈阳的街道，她看到了许多在书本上无法看到的东西。波伏瓦知道，一个有着六亿人口的大国的贫穷意味着什么，她感受到了中国人民为战胜贫穷所做的努力，那种努力让她感动。同时，中国行也让她相信了历史，并明白了一个道理：被剥削者最终会获得胜利。回国后，她写了一本长达四十万字的随笔——《长征》，表达了对中国人民诚挚友好的感情。

然而，这本书出版发行后，遭到了反共分子的抨击，尤其是在美国，英译本问世后，全美一片哗然。面对西方社会的嘲弄，波伏瓦说她从没有后悔过。六年后，这本书得到了西方社会很多专家的认可，他们对共产主义并不怀疑，并肯定了波伏瓦的叙述：中国是唯一一个战胜了饥馑的不发达国家，与印度和巴西相比，简直是个奇迹。

从北京回国途中，波伏瓦和萨特路过莫斯科，在那儿又停留了一个星期。同去中国一样，波伏瓦也是第一次踏上苏联的国土。在北京待了两个月，她看到了中国的贫穷，到了莫斯科，波伏瓦眼睛一亮，就像"二战"刚结束时，她从法国到了纽约一样。除了克里姆林宫尖塔那颗闪闪的红星，波伏瓦印象最深的还有宴会上一杯接一杯的伏特加和葡萄酒，接待他们的苏联作家个个健壮如牛，他们的热情也让人难以拒绝。

1956年10月，波伏瓦开始把创作的精力放在她的老计划上——对童年往事进行回忆和记述。波伏瓦一直想亲自写一本书，再现她的童年和青年时代。她期盼着有一天，人们怀着好奇而激动的心情读她的生平传记，这是她15岁时就有的一个梦想。当她意识到自己将近50岁了时，这个梦想变得越来越迫切。

波伏瓦沉浸在回忆中，透过写字台，她仿佛看到一帮小女生从圣日耳曼广场走过，其中的一个就是她。她走在回家的路上，路灯发着微弱的光。推开雷恩街 71 号的房门，她又看到了那块破了一个洞的地毯……她坐在爸爸的书房里，桌上铺着一张白纸，像现在的她一样，时而冥思苦想，时而写写画画……经历了一些战争和旅行，有的人逝去了，有的人还活着……突然间，波伏瓦有些恍惚，她不再清楚自己是那个装大人的孩子，还是正在回忆往事的上了年纪的妇人。

1958 年 10 月，波伏瓦用 18 个月完成了回忆录的第一卷《端方淑女》。这本书给波伏瓦带来的个人影响比她之前的书都要大，有人甚至因为读了这本书而把她比作卢梭和乔治·桑，因为他们都是从 50 多岁开始写自传的作家。跟以往一样，波伏瓦又收到了很多读者来信，不同的是，这次写信的大多是普通女人，她们称赞波伏瓦走下了神坛，拉近了与她们的距离。

《端方淑女》写的是波伏瓦前 20 年的生活，扎扎的死对波伏瓦触动最大，也是这本书的结尾。波伏瓦本来没有写长篇回忆录的打算，可当她看到这本书的最后一句话"……有好长时间我都在想，她的死是为我的自由付出的代价"时，不禁反问自己："我现在自由了，但用这个自由去做什么？"从那时起她就知道，这本回忆录还需要一个续集。

波伏瓦觉得，肯定会有一些人对此感兴趣，萨特也鼓励她，说她已经做了不少事，有丰富的生活和阅历，完全可以进行这种尝试。萨特还回忆起他们年轻时候的那些时光，在鲁昂时，他们都还很年轻，虽然默默无闻，但非常快乐。波伏瓦想到了保尔啤酒屋，她曾在那里为学生批改作业，度过了一段充实而恬静的时光。这些回忆勾起了波伏瓦的写作欲望，她又开始动笔了。她知道，那个聪明又乖巧的小女生仍然活在她心里，她重读了过去的小说、信函，还记了一些笔记。写作时，她特别慎重，让笔跟着自己的记忆走，慢慢地写，一小段一小段地推敲。

为避免出现误差，波伏瓦将自己的回忆与萨特、奥尔加和博斯特的回忆进行比对；为了让自己的生活与历史相吻合，她到国家图书馆查阅了大量资料，翻看旧报纸，全身心地投入到创作中。就这样，用时两年，她又写完了第二卷回忆录《岁月的力量》。这本书记述了她从 1929 年和萨特相识、相知，到与萨特签订"爱情协约"的过程，接着是两人的教师生涯及结识的一些新朋友、"三重奏"的发生、亲历"二战"、对战争的感悟，直到 1944 年巴黎解放。1960 年 11 月，这本书尚未出版，就有了四万册的订单。当伽利玛出版社把这一情况告知波伏瓦后，她有些惶恐不安。后来，评论家们给了她一颗定心丸，他们纷纷向波伏瓦保证，说她写了一本最优秀的书。

　　评论家的赞扬让波伏瓦忐忑不安，但也给了她继续写下去的决心。实际上，回忆录的第三卷她已经开始动笔了。但在写作过程中，发生了一些事对她触动很大，先是 1960 年初加缪因车祸丧生。第二年，梅洛－庞蒂又因心脏病发作猝死在书桌旁。后来，母亲也离开了她。朋友和亲人的接连离世使波伏瓦感到生命的残酷和无常。为了纪念母亲，她用几个月时间写了一本《安详辞世》，后来又写了一本自传体著作《老年》，分别于 1964 年和 1970 年出版。

　　波伏瓦的第三卷回忆录《事物的力量》是 1963 年出版的，书中所写的这段时间可谓是波伏瓦的人生巅峰。从 1945 年到 1962 年，她发表了一生中的重要著作《第二性》和《名士风流》，她和萨特也由默默无闻变成了知名人士。此后，他们开始涉足政治，到各国出访，为正义而战。其间，波伏瓦经历了两段爱情，一段是和阿尔格伦的跨国之恋，一段是和比她小 17 岁的朗兹曼相爱并同居的忘年恋。

　　果不出所料，这本书在出版后也很快畅销，但同时也引起了人们的热议。在《事物的力量》最后一章的开头，波伏瓦写到她和萨特的关系，说"我这一生最大的成功就是我与萨特的关系"。然而在这一章的结尾处，她又说："我没有违背自己的承诺。然而，当我回头用怀疑的眼光审视那个轻信的少女时，我才惊愕地发现自己傻乎乎地上当受骗了。"这句话引起了人们的怀疑和猜测，难道波伏瓦后悔与萨特签订"爱情协约"了？还是她后悔成为无神论者了？

读者们在震惊中给波伏瓦写信，询问她有这样的才华，这样的情人和生活，为什么还会有"上当受骗"的感觉呢？有人则对波伏瓦抱以同情，写信安慰她："你对你的经历没有产生任何结果的想法是错误的。"甚至还有一些心理专家认为波伏瓦已经抑郁了，要给她提供心理疏导和帮助。波伏瓦没有想到，自己的这句话会引起这么大的风波。

1972 年，她又发表了最后一卷回忆录《清算已毕》。在书中，她不但记录了老年将至时和萨特参加的几次重大的社会活动，还对第三卷回忆录中的最后一句话做了解释："书的最后一句话被误读了。直到今天，它仍然会激起各种评论，或讥讽，或愤慨，或充满敌意，或痛心疾首。这在某种程度上是我的错，结尾部分的结构很糟糕。我简短地回顾了自己的一生，先谈对我最重要的那些内容：我与萨特的关系、文学、世事变迁；接着提到了自己的年龄，但最后的结论'我上当受骗了'，并非仅仅与最后几页的内容有关，而是对我整个人生的总结。我之所以产生那样的想法，不仅因为在镜子里看到了自己真实的面容，更因为自己一生都在满怀焦虑地对抗现实世界的恐怖。再想想自己少女时代的那些梦想，我感到自己被彻底捉弄了……我觉察到人类的不幸，生存的失败又夺去了我青年时代对永恒的信念：正是这些原因使我写下了那句'我上当受骗了'。"①

---

① ［法］西蒙娜·德·波伏瓦著.清算已毕（波伏瓦回忆录最终卷）[M].台学青，译.海天出版社，2021：104—105.

第四节 为正义而战

自从出席了赫尔辛基世界和平大会，波伏瓦对政治不再躲避，面对纷繁复杂的国际形势，她选择与萨特站在一起，为正义而战。

1956 年 10 月 24 日，正在罗马度假的波伏瓦和萨特从报纸上得知匈牙利爆发了革命，有 30 万人在布达佩斯游行，要求摆脱苏联的控制，实现独立自由。匈牙利安全部队朝人群开枪，紧急调遣来的苏军坦克也开了炮，致使 300 多人丧生，数千人受伤。波伏瓦和萨特很痛心，他们不明白，苏共为什么要公开违背"二十大"许下的诺言，干涉别国内政。

回到巴黎后，在《观察家》周刊上，波伏瓦、萨特和几位作家联名签署了一份抗议书，谴责苏联对匈牙利内政的武装干涉。《现代》还刊发了一期匈牙利问题的专刊，萨特在专刊上发表文章，阐述了他对这一问题的立场，批评苏联和他的卫星国之间的关系，斥责苏联武装干涉别国内政。但他重申，尽管苏联的领导者们有种种错误，但他仍然信奉社会主义，并愿意继续与苏联保持友好关系。

1962 年 6 月，应苏联作家协会邀请，波伏瓦和萨特赴莫斯科访问。他们发现苏联在文化艺术领域发生了一些可喜的变化，经过中世纪严酷的文化环境之后，这个国家迎来了复兴的黎明：卡夫卡的小说不再被苏联的刊物所排斥；年轻人开始要求翻译和出版萨特、加缪等人的书籍；现象派绘画大师毕加索被授予列宁勋章，并发行了他的书及绘画作品的复印件；苏联籍诺贝尔文学奖得主帕斯捷尔纳克受到了人民的尊敬……波伏瓦和萨特由衷地为这些变化感到高兴。此后，他们连续四年，每年都到苏联访问。

1966 年，苏联的形势发生了变化，作家西尼亚夫斯基和达尼埃尔被送进劳改营，分别被判处 7 年和 5 年有期徒刑。然而，作家协会里的6000名作家，只有62位愿意为他们签署请愿书。1967 年，波伏瓦和萨特拒绝出席苏联作家联盟大会，以抗议苏联政府将两位作家流放西伯利亚。1968 年，苏联对入侵捷克斯洛伐克，导致波伏瓦和萨特与苏联政府决裂。捷克斯洛伐克是苏联的卫星国，他们一直在寻找一个既不是资本主义，也有别于斯大林集团统治的社会体制，这种做法引起了苏联领导层的戒惧。正当捷克斯洛伐克人民陶醉在追寻自由的快乐中时，苏联出动军队，占领了这个国家，并血腥镇压了手无寸铁的游行群众。

波伏瓦和萨特正在罗马度假，听说这个消息后他们感到无比震惊，随后他们在报纸上发表讲话，指责苏联是"战犯"，并痛下决心，与苏联永远断绝来往。从此，他们再也没有去过苏联。

波伏瓦涉足政治后，关注最久、耗费心力最大的，是阿尔及利亚的独立问题。

1905 年，阿尔及利亚沦为法国殖民地，"二战"中，作为同盟国，他们曾跟法国一起战斗。纳粹德国投降后，他们要求独立，但被戴高乐领导的法国政府拒绝，抗议活动被镇压。1955 年，万隆会议召开，阿尔及利亚人民要求独立的呼声越来越高，然而，他们迎来的却是一场更加残酷的血腥大屠杀。作为一位有良知的知识分子，波伏瓦站到了阿尔及利亚人民的一边。和她并肩战斗的，除了萨特，还有博斯特和朗兹曼，以及《现代》杂志的所有同人。

1958 年 5 月，阿尔及利亚再次发生暴乱，重返政坛的戴高乐主张用武力解决，但这一主张遭到了波伏瓦和萨特及左翼知识分子的反对，他们不顾自己的年龄和身份，手拉着手，高唱着马赛曲，参加了声势浩大的游行示威活动。

1960 年夏天，戴高乐在法国青年中征兵，以实现他武力解决阿尔及利亚问题的决议，但很多青年不愿对阿尔及利亚开战，拒绝服役。为表示对拒绝服役的青年们的支持，波伏瓦和萨特在一份宣言上签了字。因参与签字的有 121 人，故称《121 人宣言》。

8 月份，波伏瓦和萨特出访巴西，此时，法国当局已经开始对签名的 121 人展开调查，因萨特参与了宣言的起草和签名的征集，并在《现代》上全文刊载，受到了特别"关注"。9 月，法国当局逮捕了萨特的朋友让松，并准备于 9 月 7 日开庭审讯。让松的律师希望萨特能够出庭，但萨特在巴西的工作还没有结束，不能马上回国，于是他打电话给朗兹曼，口授了一份证词，让朗兹曼整理成文，代他在开庭那天宣读。萨特在证词中说，让松"他们是作为我们的代表站在被告席上的。他们所代表的是法国的未来，而正在准备审判他们的那个转瞬即逝的政权已经不再代表什么了"。①

这篇证词在法庭上宣读后，掀起了轩然大波，有媒体宣传，萨特和所有参与签名的人可能会获刑 5 年，还有人说萨特一回国就会被逮捕。10 月初，《现代》刊载宣言的那一期被没收，编辑部人员有的被逮捕有的被拘留，五千名老兵在香榭丽舍大街游行示威，高喊："枪毙萨特！"

朗兹曼代表波伏瓦和萨特的朋友，要求他们先不要回国，可以先去巴塞罗那，博斯特在那里接应。于是他们改签了航班，取道巴塞罗那，从那里坐汽车回到了巴黎。

或许顾忌波伏瓦和萨特在国内和国际上的影响，当局并没有对他们采取行动，但他们却收到了极端分子的死亡威胁，为了安全，他们不得不搬了几次家。

这一时期，法国女记者哈里米写的关于贾米拉·布巴沙的书出版了。布巴沙是一名阿尔及利亚姑娘，在集中营里遭到了法国士兵的强奸。士兵为了取乐，还将可口可乐的瓶子塞进她的体内。布巴沙惨遭酷刑，浑身是伤，精神受到了很大折磨。具有反抗意识的她向报界披露了这件事，阿尔及利亚法院竟然要审判她。哈里米闻悉后，决定出庭为她辩护，但她担心自己

---

① [法]西蒙娜·德·波伏瓦著．波伏瓦回忆录[M].罗国林，译．作家出版社，2013（3）：252.

身单力薄，很难完成这一使命，为了寻求力量和帮助，她找到了波伏瓦。

波伏瓦当机立断，接受了这一请求。她先撰写了一篇文章，发表在《世界报》上，然后又发起成立了一个"布巴沙"事件委员会，还为哈里米的书撰写了序言，并作为合著者签上了自己的名字，表示不惧承担风险。在强大的社会压力下，阿尔及利亚法院最终放弃了对此案的审理，将布巴沙释放出狱。

历史的潮流不可阻挡。1962年4月8日，迫于舆论压力，戴高乐就是否同意阿尔及利亚的独立问题在法国进行全民公投，结果表明，几乎所有的法国人都希望结束阿尔及利亚的战争。戴高乐政府只好被迫同阿尔及利亚临时政府签订协议，承认其自治权力。1962年7月3日，阿尔及利亚向世界宣布独立。7年来，波伏瓦一直盼着这一天，虽然来得有些迟，但终于还是来了。

世界局势风云变幻，阿尔及利亚的战争刚刚结束，越南人民的命运又牵动了波伏瓦的心。和阿尔及利亚一样，"二战"前越南也是法国的殖民地。"二战"后，胡志明领导的越南共产党组织越南人民建立"越南独立联盟"，向法国宣布独立，并于1945年9月2日在河内建立了越南民主共和国，俗称北越。

在越南南方，美国扶持的傀儡吴廷琰于1955年10月也成立了一个新政府——越南共和国，俗称南越。在美国的支持下，吴廷琰集团发动"控共""灭共"战役，大肆屠杀北越共产党。

为了推翻吴廷琰傀儡政权，1960 年 2 月，越南人民组建了越南南方民族解放战线。为防止吴廷琰政府垮台，1961 年 5 月 14 日，美国派遣 400 名美军"特种作战部队"和 100 名军事顾问进入南越。1965 年 2 月，美国以北越轰炸了其在公海巡逻的驱逐舰为由，蓄意制造借口，大规模轰炸了北越。

就在这时，美国左翼邀请萨特赴美，就越战问题发表讲话。萨特考虑到如果他同意赴美，可能会在古巴、越南激起极大的反感。为了第三世界的感受，他放弃了这一友好的邀请。波伏瓦与萨特的看法相同，她写道："1962 年 6 月之后，阿尔及利亚战争不再让我牵挂，越南的命运再次成了我关注的焦点：美国人的干涉，他们对越南人民自决权利的蔑视，都引起了我的愤怒。"①

令波伏瓦欣慰的是，世界上有很多有良知的知识分子与他们一样，也在关注着这场战争。1966 年 7 月，波伏瓦和萨特参加了罗素集会，这是由英国著名哲学家波特兰·罗素领导的一个组织，他们的计划是：按照纽伦堡法庭的先例，组织国际法

①［法］西蒙娜·德·波伏瓦著.清算已毕（波伏瓦回忆录最终卷）[M].台学青，译.海天出版社，2021：306.

庭，审判美国人在越南的所作所为，目的是唤起国际舆论，特别是美国舆论的关注。

罗素法庭先后召开了两次听证会，第一次在瑞典的斯德哥尔摩，第二次在丹麦的哥本哈根。由于罗素年事已高（94 岁），没能亲临会场，萨特被选为执行主席。与会代表团来自世界各地，他们提供了从越南带回的大量震撼人心的证词，让法庭的工作每天都有新进展。

与会代表中，有一位是波伏瓦的老朋友——法国女记者哈里米。哈里米刚从美国回来，左翼人士向她提供了许多重要证据。这些证据显示，美国人在一个地方杀了人后，把剩下的村民全抓走，将整个村子夷为平地。除此之外，还有她用录音机录下来的美国老兵的口述和三位证人。铁一样的证据摆在眼前，与会者一致认为，美国人在战争中确实使用了禁用武器，犯下了种族灭绝罪。

当萨特宣读由他起草的判决书后，会场爆发了雷鸣般的掌声，大家互相拥抱，古巴人激动得哭了起来，越南人也都眼含热泪。萨特说，他们支援越南，不是出于道德，而是因为越南人正在为世界而战。

1968 年 5 月初，法国爆发了一场由青年学生主导的政治风暴，起因是大学生要求改革教育制度，遭到学校当局的拒绝，进而引发冲突。学生们罢课、占领行政大楼、上街游行、与警察搏斗……这一反抗浪潮很快波及了教师、市民和工人，最后导致 1000 万工人大罢工，政府发生严重危机。

正在外国访问的戴高乐匆匆回国，以军队为后盾，同工会和企业主代表谈判。同时，右派也开始进行反击，他们也举行了游行示威支持总统的政策。由于学生在这段时间有过过激行为，如焚毁汽车、砸烂橱窗等，加之他们内部也混进了一些居心不良的挑事者，使得市民们不再支持他们。后来，戴高乐改组了政府，在议会选举中获胜，这场风暴才慢慢平息下来。

萨特和波伏瓦一开始就很关注这一事件，波伏瓦经常和朋友来到校园，在楼道或院子里随便走走，倾听学生的心声。5 月 9 日，他们连同其他知识分子发表声明，表示对学生运动的支持，赞扬他们"努力通过一切手段摆脱被异化的命运"。

后来萨特又在电台发表讲话，支持学生走上街头，认为应该由他们自己决定自己的斗争形式。他的讲话很快被学生印成传单散发；同时，波伏瓦和萨特还应学生要求，到大学校园同学生座谈，回答他们的问题。

这之后，萨特和波伏瓦一直同学生运动保持着联系，当公众舆论开始反对学生时，他们仍然坚持支持学生的立场。直到 1970 年，他们还同左派学生保持着联系。左派学生办了一份

《人民事业报》，官方指控它宣传革命暴力思想，决定取缔、查封，并逮捕了两任主编勒邓戴克和勒布里。

在法国的历史上，自 1881 年以来，除了"二战"期间，还从未发生过逮捕主编的事件，面对这种毫无顾忌的压制，萨特决定接管《人民事业报》，担任这份报纸的主编。

1970 年 5 月末的一天，波伏瓦陪萨特参加了审判会，萨特为之辩护的两位主编分别获监禁 1 年和 8 个月刑期，同时报纸也保住了其存在的合法性。

但是几天后，警察包围了承印《人民事业报》的印刷厂，并企图拘留印刷厂的负责人布吕蒙塔尔，这一举动遭到了工人们的阻拦。幸运的是，印好的 75000 份报纸已被转移到安全的地方。第二天，波伏瓦在家里召开记者招待会，揭露警察的粗暴行径，还组织成立了"《人民事业报》之友"协会，并亲自担任主席。

接着，警方逮捕了 30 名售卖《人民事业报》的报贩，萨特、波伏瓦和一些支持者决定上街自行散发报纸。早上 5 点半，趁人们去早市买东西之际，他们拿着报纸和传单，一边分发一边高喊："读《人民事业报》，维护新闻自由！"人群开始聚集，一个年轻警察走过来，抓住萨特的手臂，一把夺去他手中的一摞报纸。人群中有人喊："你抓的是个诺贝尔奖获得者。"

那位警察连忙放开萨特，快步离开。

几天后，他们再次出动，这次参与的人数更多了。几个警察开着囚车拦住了他们，并解释说："这不是逮捕，只是带你们去警察局查验身份。"

波伏瓦和十几位同伴被带进警察局，只有萨特被留在门外，警察对他说："萨特先生，你可以走了。"萨特没有走，他手上还有一摞报纸，他在警局门口继续散发。警察见状，只好把他也请了进来。过了一会儿，警察把波伏瓦和萨特叫到另一间办公室，打算把他们俩放了，但他们拒绝离开，理由是除非把所有人全部放了。一小时后，警察局来了一群便衣，一位警官私下告诉萨特，半小时后他们都将获得自由。就这样，他们被全部释放了，波伏瓦和萨特选择了最后离开。

这次风波后，《人民事业报》的发行量大幅上涨。后来，波伏瓦和萨特一道，为"红色救援"和法国的新闻自由做出了更大的贡献。

第五节　暮年

和朗兹曼分手那年，波伏瓦就意识到自己老了，但时光依然在不停地流逝。渐渐的，她接受了自己正在老去这一事实："它已经侵入我的心中，我尚有勇气排斥它，但我已经没有勇气否定它的存在了。"[①]

1960 年春的一天，波伏瓦收到一封简短的信，是巴黎高师一位女孩写来的。或许正因为信的简短，让波伏瓦对写信的人产生了兴趣，她心血来潮地回了一封信，并答应开学后与她联系。从此，这位女孩走进了波伏瓦的生活。她就是西尔薇，

---

① ［法］西蒙娜·德·波伏瓦著.波伏瓦回忆录［M］.罗国林，译.作家出版社，2013（3）：183.

后来成了波伏瓦的养女，在波伏瓦晚年的生活中占据了重要位置。

波伏瓦把西尔薇看作上天送给她的礼物，因为她们不仅志趣相投，还有着几乎相同的家庭背景和少女时代。

父母在西尔薇身上寄托了很多希望，想让她实现自己年轻时未竟的梦想，很小的时候就让她学钢琴、唱歌和舞蹈，而西尔薇也不负众望，小小年纪就能登台演出。到了高年级，为了不影响学业，母亲让她放弃了舞台，但当看到西尔薇的成绩并没有因此而提高时，父母生气了。母亲不仅偷看她的日记，还阻止她与一位女孩交往。为了把她与好友分开，甚至还强迫她留级。

父母的专断和易怒让西尔薇的身心受到了极大的伤害，她觉得自己受到了侮辱，决定用实际行动来回应。于是，她暗自拼命学习，不久，门门功课都得第一，年年都拿头奖。在整个中学时代，学习是她唯一的救命稻草，她努力学习不是为了顺从当好学生，而是出于愤怒，是为了挑战。

后来，西尔薇考上了巴黎高等师范学校，这是波伏瓦曾经就读的学校，她和波伏瓦一样，以优异的成绩通过了教师资格考试，并获得了留校进修一年的机会。毕业后，她被分到鲁昂，在波伏瓦曾经工作过的中学教书，她也住在火车站附近那家波伏瓦曾经住过两年的旅馆。

透过西尔薇的这些经历，波伏瓦仿佛看到了年轻时的自己。刚开始的两年，西尔薇忙着学习，波伏瓦忙着写作，她们的交流并不多。使她们的关系发生转变的，是 1963 年后发生的两件事。

那一年，波伏瓦的第三卷回忆录《事物的力量》出版了，很多人对这本书的后记有误解，但西尔薇却准确而全面地理解了它。波伏瓦的母亲弥留期间和去世后，西尔薇都陪伴在波伏瓦身边，给了她很多安慰。后来，她们见面的次数越来越多。

越了解西尔薇，波伏瓦越觉得与她志趣相投，越觉得西尔薇像年轻时的自己，她写道："尽管年龄相差 30 岁，她与我有着相同的品质和怪癖。她有个很稀有的天赋：善于倾听。她的反应、微笑和沉默都给人一种想倾诉甚至谈论自己的欲望。我也养成了每天向她汇报生活内容的习惯，还事无巨细地给她讲我过去的经历。没有人比她更懂我，也没有人比我更欣赏她。我喜欢她的激情与愤怒、她的严肃、她的开怀、她对平庸的惧怕和她不计后果的慷慨。"[1]

---

[1] ［法］西蒙娜·德·波伏瓦著. 清算已毕（波伏瓦回忆录最终卷）[M]. 台学青，译. 海天出版社，2021：55.

波伏瓦和西尔薇的友谊持续了 20 多年，她们每天见面，读同样的书，一起看戏，一同驾车远足……她们的生活水乳交融，跟西尔薇在一起，波伏瓦甚至忘记了自己的年龄。

萨特去世后，在妹妹的提议下，波伏瓦通过法律程序正式收养西尔薇为养女，在她生命的最后几年，西尔薇像亲生女儿一样，一直照顾波伏瓦，直到她去世。

萨特也有一个养女，名叫阿莱特·艾卡姆，是阿尔及利亚籍的犹太人，在法国读书。1956 年，19 岁的阿莱特给萨特写了一封信，当时她正在准备一篇论文，希望能考取巴黎高师。在信中，她一方面就论文问题讨教萨特，一方面表达了在阿尔及利亚问题中对于自己身份的苦恼。萨特对阿尔及利亚人一直抱有同情，当即回了信，并见了面，后来阿莱特就顺理成章地成了萨特最年轻的情人。

阿莱特在萨特的晚年生活中占有重要地位，她年轻貌美，不仅会唱歌，还弹得一手好钢琴，笛子也吹得不错，这些都是萨特喜欢的。阿莱特的出现，给萨特的老年生活带来很多乐趣和安慰。为了让阿莱特拥有法国国籍和一个光明的未来，1965 年 3 月，萨特通过法律程序，正式收养阿莱特为养女。

收养事件一出，舆论一片哗然。人们普遍认为，萨特这样做是对波伏瓦的伤害，被萨特收养后，阿莱特不仅继承了萨特的姓氏，还理所当然地继承了他的全部著作权和遗产。波伏瓦陪伴了他这么多年，却什么也没有得到。对于这些议论，波伏瓦并不以为意，她觉得那是萨特的自由，自己无权干涉。

唯一让她痛苦的，是萨特在晚年让一个叫维克多（真名叫贝利·列维）的人走进了他的生活，他们是在《人民事业报》的风波中认识的。这个人的出现，给他们两人的工作和生活带来了很多麻烦。

维克多是埃及犹太人，年纪与阿莱特相仿。1968年"五月风暴"后，他建立了一个无产阶级左派的组织，并创办了《人民事业报》。在《人民事业报》的风波中，就是他找到萨特，请他出任主编，以遏制政府的逮捕狂潮。但萨特担任的这个主编只是挂牌主编，没有任何实权。

实际上，维克多是在利用萨特的名气求得报纸的生存。尽管萨特知道他是被利用，也知道这个报纸不久前曾发表过对他不利的言论，但他还是立即同意了对方的建议，因为这家报纸是为老百姓说话的，很对他的胃口，即便有些观点他并非全部赞同。

无产阶级左派组织被政府取缔后，维克多不再是什么头头，而是单独的一个人，由于和萨特的政治立场比较接近，他们的来往多了起来。在萨特眼里，维克多跟别的政治人物不同，因为他愿意谈论一些政治色彩较少的话题，萨特觉得这是一些女性才有的特征，所以很喜欢他。

1972 年，他们曾就左翼思想的现状进行探讨，并以《造反有理》公开发表。此后，萨特和维克多的关系既像朋友，又像战友。

萨特非常信任维克多，不仅让他做自己的秘书，他还给当时的总统写信，让维克多获得了法国国籍。眼看萨特的身体状况越来越差，他也知道自己来日无多，因此在 70 岁生日时他曾说，他死后，希望自己的工作有人接管，他觉得维克多无论作为知识分子还是战士，都是最理想的人选。

但他选的这个接班人并没有让他省心，维克多做惯了领导，除了萨特，《现代》编辑部成员甚至连波伏瓦他都不放在眼里，一言不合就出言不逊。维克多的态度令大家震惊，但他们都看在萨特的面子上，尽量不跟他计较。

1980 年，75 岁的萨特身体每况愈下，不仅被病魔缠身，眼睛还几近失明，只能靠听力辨别外界的一切。这个时候，萨特和维克多共同署名发表了一个谈话。看到谈话的内容后，朋友们都很惊讶，因为这根本不是萨特的思想，维克多的口气以及对萨特居高临下的姿态，让所有在发表前读过这篇谈话的人都愤愤不平。他们知道，维克多又一次利用了萨特。

在这个对话中，维克多不直接表达自己的观点，而是一连许多天不停地与萨特争辩，虽然萨特还能思考，但速度很慢，思维远跟不上维克多的巧舌如簧，到最后，他对争论厌倦了，终于做出让步，放弃了自己的思想。维克多实际是在借萨特之口表达自己的思想。

波伏瓦和《现代》的朋友们都不支持发表这个谈话，但萨特不听劝告，而且还要提前发表。波伏瓦很失望，几十年来，这是萨特第一篇也是最后一篇没有经她过目就发表的文章。

谈话发表后，波伏瓦和《现代》的朋友们都保持了沉默，萨特有点失望。第二天，他病情加重，坐在床边气喘吁吁，几乎不能说话。波伏瓦联系救护车，把他送到了医院。离开家时，波伏瓦顺手带上了萨特住所的门，但她无论如何也没有想到，萨特从这扇门出去后再也没能回来。

萨特去世后，波伏瓦心力交瘁，几乎停止了写作和各种政治活动，她感到整个世界包括她自己都被萨特带走了。冷静下来后，波伏瓦把思绪放到萨特最后 10 年的生活中，开始慢慢地回忆和梳理 1970 年到 1980 年间萨特经历的各种重大事件，以及他的日常起居、写作、度假，甚至同女人的交往，特别是，在萨特生命的最后阶段，他的病情以及他与病魔和命运的抗争，都被她记录了下来。她把这些经历进行汇总整理后写成了一本书,以"永别的仪式"做书名献给萨特,这是她向萨特所做的最后的告别。

这本书的最后,是波伏瓦和萨特于 1974 年 8 月至 9 月的谈话录,也可谓是波伏瓦对萨特的访谈录。萨特那部荣获诺贝尔文学奖的自传《词语》只写到 10 岁,那是他母亲再婚前的一段岁月。萨特一直想续写下去,可惜眼睛出了问题,无法完成写作。波伏瓦知道他的心思,1974 年他们在罗马度假时,波伏瓦提出他们之间可以进行一次谈话,用录音机帮助记录。萨特非常高兴,他指着自己的眼睛说:"正好可以弥补这个!"

而后,波伏瓦把她保存了 50 年的萨特的书信也整理了出来,以《致海狸》公开发表。《致海狸》出版后,因信中披露了萨特的隐私,涉及一些他和别的女性的风流韵事,引起了一些争议,但波伏瓦从不后悔做这件事,因为她知道自己并没有违背萨特的意愿。萨特生前曾经说过,他的书信可以发表,他活得很坦荡,从不去刻意隐瞒和遮掩什么,以至别人说什么他从不在乎。

萨特去世的第二年,阿尔格伦也在美国去世了。波伏瓦很想去美国看看。1983 年,西尔薇带着她再次踏上了美国的国土，一种久违的情感冲击着她，那些遥远的回忆如同过山车般又浮现在眼前。

1984年，由波伏瓦参与拍摄的四集电视连续剧《第二性》问世。法国总统密特朗接见了她，波伏瓦和萨特一样，也拒绝了总统授予的荣誉勋章，从此她更加关注和支持法国及世界各地的妇女解放运动，并为此做出了力所能及的贡献。

1985年，波伏瓦参与改编电影剧本《女宾客》，美国、加拿大等地先后成立了"西蒙娜·德·波伏瓦研究中心"，她的名字同萨特一样，超越了国界，开始被世人所熟知。

自从萨特去世后，波伏瓦的身体就一直不太好。1986年3月20日晚，她发生了胃痉挛，开始以为是晚餐吃了火腿的缘故，但疼痛一直没有减轻，在西尔薇的坚持下，她被送到了医院。经过医生诊断，波伏瓦得了肝硬化，手术后她又感染了肺炎。这次她没能挺过去，在重症监护室待了两周后去世，享年78岁。

在复活节即将来临的日子里，法国政府为波伏瓦举行了盛大的葬礼。和萨特一样，送葬的队伍走过那些熟悉的街道，一直向蒙巴那斯公墓走去，人们把她和萨特合葬在一起，他们终于又能在一起了。《现代》的朋友和她的支持者们站在墓旁，向她作最后的告别。

　　波伏瓦虽然离开了我们，但她的书，她的故事，仍被一代又一代人所阅读和传颂，就像朗兹曼最后在悼词中宣读的那样："我无法将我的生命带走……我的生命在坟墓之外延续。"这是波伏瓦回忆录中的一段话，也是她对虚无和死亡的一种感悟。

波伏瓦大事年表

1908 年

1 月 9 日,生于巴黎蒙巴那斯林荫道 103 号。

1913 年,5 岁

进入德西尔女子学校读书。

1918 年,10 岁

"一战"结束。在学校遇见扎扎,并与其结下深厚友谊。

1919 年,11 岁

全家迁入雷恩街 71 号。

1925 年,17 岁

以优异的成绩从德西尔女子学校毕业。同年 9 月,被巴黎第三大学索邦大学录取。

1926 年,18 岁

3 月,获得文学结业证书。

6 月,通过普通数学和拉丁语的考试。

1927 年，19 岁

参加《哲学概论》全国会考，获得第二名，成为哲学学士，同时获得希腊文证书。

1929 年，21 岁

哲学教师资格考试，萨特获得第一，波伏瓦获得第二。

在巴黎高等师范学院学习时与马厄相识，经马厄介绍，波伏瓦认识了萨特。

10 月，与萨特在卡鲁塞尔花园签订爱情协约。

11 月，萨特赴圣西尔要塞服兵役两年，与萨特暂时分离。

1931 年，23 岁

4 月，萨特结束服役，在法国北部港口城市勒阿弗尔的一所高中教哲学。

9 月，受教育部委派，到地中海滨的马赛去教书，与萨特再次分离。

1932 年，24 岁

秋天，从马赛北上鲁昂，继续教师生涯。

1933 年，25 岁

9 月，萨特赴德留学 1 年，悉心研读德国哲学家胡塞尔和海德格尔等人的哲学，在柏林与"月亮女人"有了一次"偶然"恋情，波伏瓦得知后醋意大发。

1934 年，26 岁

2 月，赴德国探望萨特。

1935 年，27 岁

萨特从德国返回后，继续在勒阿弗尔执教。为了完成《论想象》的写作，他听从朋友建议，注射了麦斯卡林，得了幻想症。去鲁昂时，因为要去教书，波伏瓦让学生奥尔加替她照顾萨特，萨特渐渐对奥尔加产生了依恋，"三重奏"开始。

1936 年，28 岁

9 月，从鲁昂调回巴黎继续执教。

1937 年，29 岁

因奥尔加与博斯特有了恋情，"三重奏"结束。

初秋，萨特调回巴黎教书。

从此与萨特结束长达六年的外省执教生涯。

1938 年，30 岁

10 月，受"三重奏"的启发，并以此为素材，开始写作小说《女宾》。

1939 年，31 岁

9 月，"二战"全面爆发，萨特应征入伍，与萨特又一次分开。

1940 年，32 岁

丽丝、万卡等女性朋友走进自己的生活。

6 月初，德国对法国发动大规模袭击，不久，法国战败投降，6 月 21 日，萨特成为德军的俘虏。听到这一消息后，精神几近崩溃。

1941 年，33 岁

3 月底，萨特获释回到巴黎，开始与萨特全身心投入到写作中。

7 月 8 日，父亲乔治患老年肺结核去世。

开始创作小说《他人的血》。

1943 年，35 岁

因丽丝母亲告状，被学校开除，从此专职写作。

年初，《他人的血》完稿。应出版者的要求，用 3 个月时间写了一本哲学方面的小书《皮洛士与齐纳斯》，7 月份完稿。8 月末，《女宾》由伽利玛出版社出版。

开始写作第三本小说《人都是要死的》。

1944 年，36 岁

4 月至 7 月，创作剧本《吃闲饭的嘴》。

8 月 25 日，巴黎解放，开始了与萨特的荣誉之路。

1945 年，37 岁

9 月，《他人的血》出版。与萨特、梅洛－庞蒂等 7 人组建编辑委员会，创办《现代》杂志。

10 月，剧本《吃闲饭的嘴》上演。

1946 年，38 岁

第三本小说《人都是要死的》出版。

10 月，开始创作关于女性的著作《第二性》。

1947 年，39 岁

1 月 26 日，赴美国讲学，与阿尔格伦相识并相恋。

9 月 9 日，二赴美国与阿尔格伦相聚，9 月 23 日返回巴黎。

1948 年，40 岁

5 月，第三次赴美与阿尔格伦相会，原计划在一起待 4 个月，因变故改为 2 个月，阿尔格伦很不满，两人的相处生出嫌隙。

7 月中旬《美国纪行》出版。

1949 年，41 岁

6 月初，阿尔格伦来法国看望波伏瓦。

10 月，《第二性》出版。

1950 年，42 岁

7 月，第四次赴美看望阿尔格伦，阿尔格伦告诉波伏瓦，他已经不爱她了，原因是他准备与前妻复婚。

1951 年，43 岁

阿尔格伦渴望与波伏瓦建立一种无怨无悔、善始善终的友谊，在他的邀请下，波伏瓦第五次赴美，也是她最后一次赴美看望阿尔格伦。

1952 年，44 岁

买了一辆小轿车，与比她小 17 岁的朗兹曼相识并同居。

1954 年，46 岁

10 月，《名士风流》出版，并荣获龚古尔文学奖。

1955 年，47 岁

用龚古尔文学奖的奖金买了一套公寓。

9 月，与萨特接受中国政府的邀请，一起到中国访问 2 个月。

1956 年，48 岁

和萨特一起为"匈牙利事件"发声。

1957 年，49 岁

为中国之行而写的《长征》出版。

1958 年，50 岁

与朗兹曼分手。

出版回忆录的第一卷《端方淑女》。

1960 年，52 岁

11 月，出版回忆录的第二卷《岁月的力量》。

涉足政治，加入《121 人宣言》。营救阿尔及利亚姑娘布巴沙。

收到西尔薇的来信，与之建立了深厚的友谊，后收其为养女。

1962 年，54 岁

6 月，应苏联作家协会邀请，和萨特赴莫斯科访问。

1963 年，55 岁

出版回忆录的第三卷《事物的力量》。

11 月，母亲去世。为纪念母亲，用几个月时间写了一本《安详辞世》。

1964 年，56 岁

为母亲写的《安详辞世》出版。

萨特荣获诺贝尔文学奖，但拒绝领取。

1966 年，58 岁

7 月，与萨特参加罗素集会。

出版第五部小说《美丽的形象》。

1967 年，59 岁

拒绝出席苏联作家联盟大会，以抗议苏联政府对两位苏联作家的流放。

1968 年，60 岁

5 月初，巴黎爆发"五月风暴"，与萨特和其他知识分子一起发表声明，表示对学生的支持。

8 月，由于不满苏联对捷克斯洛伐克的入侵，与苏联断绝来往。

1970 年，62 岁

5 月，和萨特接管《人民事业报》，并为被捕的两位前主编辩护。

自传体著作《老年》出版。

1972 年，64 岁

出版第四卷回忆录《清算已毕》。

与几位妇女解放运动领导人创建"抉择"协会，并出任主席。

1975 年，67 岁

因坚持不懈为人权而斗争，荣获耶路撒冷奖。

1978 年，70 岁

因对欧洲文学的贡献，荣获奥地利国家奖。

1980 年，72 岁

萨特去世。

正式收养西尔薇为养女。

1981 年，73 岁

为萨特而写的《永别的仪式》出版。

阿尔格伦在美国去世。

1983 年，75 岁

在养女西尔薇的陪同下再次赴美，与已故的阿尔格伦做最后的告别。

1984 年，76 岁

参与拍摄的四集电视连续剧《第二性》播出，并接受密特朗总统的接见。

1985 年，77 岁

参与改编电影剧本《女宾客》。

"波伏瓦研究中心"在美国、加拿大等地建立。

1986 年，78 岁

4 月 14 日，因肝硬化和感染肺炎在巴黎去世。

参考书目

1. [法]西蒙娜·德·波伏瓦著.波伏瓦回忆录[M].罗国林,译.作家出版社,2011(1).

2. [法]西蒙娜·德·波伏瓦著.波伏瓦回忆录[M].罗国林,译.作家出版社,2012(2).

3. [法]西蒙娜·德·波伏瓦著.波伏瓦回忆录[M].罗国林,译.作家出版社,2012(3).

4. [法]西蒙娜·德·波伏瓦著.清算已毕(波伏瓦回忆录最终卷)[M].台学青,译.海天出版社,2021.

5. [英]凯特·柯克帕特里克著.成为波伏瓦[M].刘海平,译.中信出版集团,2021.

6. [法]西蒙娜·德·波伏瓦著.越洋情书[M].楼小燕,等译.中国书籍出版社,1999.

7. [德]瓦尔特·范·洛索姆著.波伏瓦与萨特[M].朱刘华,译.春风文艺出版社,2000.

8. 黄忠晶著 . 爱情与诱惑 [M]. 黑龙江人民出版社，2003.

9. [法] 克劳斯·弗朗西斯 / 费尔南德·龚蒂埃著 . 西蒙娜·德·波伏瓦传 [M]. 刘美兰 / 石孔顺，译 . 中国妇女出版社，1989.

10. [法] 西蒙娜·德·波伏瓦著 . 萨特传 [M]. 黄忠晶，译 . 百花洲文艺出版社，1996.

11. 李亚凡著 . 追求自由的波伏瓦 [M]. 人民文学出版社，2005.

12. [法] 比安卡·朗布兰著 . 萨特、波伏瓦和我 [M]. 吴岳添，译 . 中国三峡出版社，1998.